微信小店这么玩才赚钱

薛　梅◎著

中国宇航出版社
·北京·

图书在版编目(CIP)数据

微信小店，这么玩才赚钱 / 薛梅著. -- 北京:中国宇航出版社，2015.5

ISBN 978-7-5159-0918-9

Ⅰ. ①微… Ⅱ. ①薛… Ⅲ. ①网络营销－基本知识 Ⅳ. ①F713.36

中国版本图书馆CIP数据核字(2015)第087846号

责任编辑 卢珊　**封面设计** 杜晴岚

责任校对 方妍　**排版设计** 宇星文化

出版发行 **中国宇航出版社**

社　址 北京市阜成路8号　**邮　编** 100830

(010)60286808　(010)68768548

网　址 www.caphbook.com

经　销 新华书店

发行部 (010)60286888　(010)68371900

(010)60286887　(010)60286804(传真)

零售店 读者服务部

(010)68371105

承　印 三河市君旺印务有限公司

版　次 2015年5月第1版　2015年5月第1次印刷

规　格 787×960　**开　本** 1/16

印　张 15.5　**字　数** 202千字

书　号 ISBN 978-7-5159-0918-9

定　价 35.00元

本书如有印装质量问题，可与发行部联系调换

前言

随着科技的飞速发展，不断成熟的互联网经济将人们的消费行为带入了网络。特别是移动互联网时代的到来，使得网购逐渐成为非常重要的消费方式，随之而来的则是无数的创业机会。移动互联网时代，一个想法，再加上一部手机，就能在商海中掀起一片巨浪，引领一个潮流。很多人对这些电商领袖或者电商成功人士着迷，甚至顶礼膜拜。顶礼膜拜之余，也不禁“跃跃欲试”，梦想有一天自己也能获得如此成功。

一些饱含创业激情的斗士，纷纷踏入电商创业的战场，试图闯出自己的天地。不过由于传统电商市场已经趋于饱和，这些“热血”斗士最终铩羽而归的多，大放异彩的少。那么，在巨大的电商洪流面前，我们真的没有参与机会了吗?

其实，网络世界从来不缺乏新生事物，也从来不缺乏创业机会，盘点那些失败者的原因，更多的是缺少一双善于发现的眼睛，以及说做就做的果敢。如今，社会已经进入移动互联网时代，传统网店时代已经开始陈旧，微店时代正在快速到来。没错，目前微店正在逐渐成为新的互联网创业机会。作为微店平台的一种，微信小店的优势更为突出。

首先，微信用户早已突破 6 亿人，并且这个数字仍在不断被刷新。毫无疑问，微信正像当年的 QQ 一样，在人群中得到大量应用和普及。拥有如此强大的用户基础，微信所蕴含的经济潜力可见一斑。“背靠大树好乘凉”，依托微信平台的强力支撑，腾讯公司重磅推出的微信小店，势必会在微信用户群中掀起一股商业狂潮。

和传统网店以及其他微店平台相比，借力微信平台，微信小店具有强大的营销能力。作为一种新型的创新市场，微信除了拥有极其广大的空间容量，更具有用户数量庞大、用户质量高、亲和力强、内容推送精准、营销效果明显等优势。创业者只需要开通微信公众号和微信支付功能，便可注册属于自己的微信小店。凭借这个新兴的网络商城及其巨大的营销能力，大家就可以实现自己的创业梦想，从中获取丰厚的回报。

正是基于以上两点，无数人开始高度关注微店平台的发展优势，越来越多的创业者纷纷选择微信小店作为自己创业梦想起航的平台。凡事知易行难。机会到来之时，并非每个人都能牢牢抓住。通俗地讲，微店发展趋势是向好的，微信平台是有力的，但创业仍旧是艰难的，稍有不慎，就有可能在移动商务上碰得“头破血流”。怎样才能避免在微信小店的创业道路上“头破血流”，这正是笔者写作本书的目的。

本书语言通俗易懂，但内容却和市面上专门讲解微店实操的图书不同。这是因为我们知道，任何创业，包括开家微信小店，都是入门简单，做好艰难。很多朋友觉得开始创业的前期最苦，要找人，要找钱，要找货源，要学习操作，要理顺各种关系，但这才是万里长征走出了第一步。如果真的踏上这条路，你就会发现，创业这条路开始容易，过程艰难，收获更难，微信小店同样如此。

本书在内容方面不是开设微店的基础入门教程，而是微店经营提升进阶指导；不是教你如何开头，而是教你如何在开店过程中强化优势；不是教你如何做，而是教你如何做得更好。相信打开本书的你，一定会在惊喜之余找到新的掘金点。

毫无疑问，创业是和平时期最绚烂的一种生活方式。微信小店店铺虽小，其中却蕴藏着巨大的商机和成功潜力。如果 10 年前你错过了淘宝开店，那么今天，你还要错过微信小店吗?

目录

第 3 章　基础功能升级：你凭什么做得比别人好

第 4 章　添加功能模块，全方位打造微店帝国

第 5 章　广开渠道，粉丝才是微店最大的信仰

第一章

微信小店，开启全新营销时代

腾讯全面开通微信支付，打通了微信平台 O2O 完整闭环的最后一步。拥有微信支付这一强大的功能优势，微信小店强势登场，从此开启一个全新的营销时代。

当微信平台自砍“门槛”，降低店铺入驻条件时，吸引了很多企业或自媒体入驻微信平台，这不但让微信实现了链接全民电商的梦想，其带来的社交红利，还为更多的人带来巨大的财富。

社交红利：每一个账号背后都是力量

不管是微博还是微信，社交网络在生活中扮演的角色越来越重要，无时无刻不在影响着人们的生活，潜移默化地改变着人们日常生活中的很多习惯。比如，餐前要拍张照片并上传微博，购物前先听微信朋友圈怎么评论等。

在社交网络里，人们更喜欢发表评论。大到社会热点新闻，小到吃喝玩乐，每天都会有海量的评论信息在用户间不断传递。我们的看法影响着朋友的生活，我们也会依赖朋友的推荐来作决策。当这些影响以及因此产生的变化形成一股力量时，就会逐渐引起一系列变革，社交红利便由此产生。

如今，自媒体平台的潜力日渐增大。每当社会有重大事件发生时，相关信息便会通过微博、微信以最快的速度向普通用户扩散，这就导致社交网络出现了一场营销变革。人们容易影响别人并被别人影响，所以每天会有海量且廉价的用户、流量、收入从社交网络中流动出来，这就引起了很多企业与创业者的关注。他们敏锐地发现，社交网络蕴藏着巨大的经济潜能，于是开始聚拢到社交网络中寻找机会。

“小米”手机创始人雷军依托微博强大的营销能力，实现了智能手机品牌“教父”级别的华丽转身；自媒体人罗振宇凭借每一个微信账号的潜在营销价值，将自媒体节目“罗辑思维”推向了一个又一个新高度。当然，这都是粉丝信任他们的结果。

社交红利的背后，人与人之间的“信任背书”发挥着巨大的作用。社交网络中，信任首先产生在亲朋好友、同学、同事之间，然后是朋友的朋友或同行，最后才是陌生人。QQ空间的相关数据显示：很多用户会考虑好友推荐的商品或游戏，其转化率高达50%。在微博、微信中，人们普遍会选择追随好友的分享进行阅读、评论。

可以说，大多数社交网络都是基于信任建立起来的。不管是微博、微信，还是QQ空间，人与人之间的信任会在每一次沟通中慢慢叠加。尤其是与陌生人建立信任关系，需要通过专业、细致的互动，才能逐渐积累，增加背书的速度，这对企业来说有巨大的价值和作用。

当信息发布者将信息发送到社交网络中，看到信息的人会根据自己对该发布人的信任，快速对该信息作出回应，并将信息传递下去。信任在这个传导链中发挥了重要作用，成为整个社交网络中最关键的因素。因为信任，用户会将信息不断地分享到社交网络中，这些信息会给源网站和应用产生回流点击、购买等诸多转化行为。当这些转化和细微的分享汇集到一起时，庞大的社交红利便会凸显出来。

随着微博和微信等新兴自媒体平台的诞生和发展，人们的生活进一步卷入网络时代，社交网络成为人们的一种生活方式。尤其是公众社交账号与自媒体的兴起，促使信息流动与传播发生巨大的变化，而且其呈现形式与使用方式也有了新的改变。用户将自己喜欢的文章、照片等分享并发布到自己的账号里，业界则将海量的用户、流量、注意力和收入从社交网络中带走。很多企业或创业者将社交网络作为可利用的基础工具，鼓励用户把感兴趣的内容分享到微博、微信等社交网络。

对于社交网络，最初只是一些媒体记者在各类网站或公众账号上发表自己的观点，公众参与的门槛降低后，每个人的账号都可以看作是一个“自媒体”账号。丰富的自媒体账号不仅带来了丰富的评价声音，还改变了传播形式和获取方式，推动媒介改变与媒介权利再分配。

博客崛起时，门户网站接管了博客市场，并将其消化为自己的频道之一。博客壮大用户内容的生成模式，当其变成门户网站的频道后，却依然秉承着编辑推荐制的网络媒体操作方式。在这个网络社交时代，任何一个单向媒体都无法满足公众对信息的渴求。去中心化的架构，使任何一个账号和用户都是一个传播节点，网站编辑已经逐渐失去对它们的控制。

最先变化的是内容本身。伴随着社交网络的普及，从视频网站到微博，用户分享信息日益便捷，即便是一句话或一张照片，都能得到迅速传播。随着用户阅读习惯的变迁，在微信、微博等各类社交网络，人们更喜欢阅读好友推荐的文章与链接，尤其是他们发出的关于新鲜好玩事物的信息。虽然变迁才刚刚开始，发展速度却非常迅猛。2013 年底，一些微博账号与微信公众账号的粉丝就高达数百万，其中微信公众账号更是突破了 300 万，如“罗辑思维”“超爱悦读”“鸟哥笔记”“光头王凯”“假博士”等，这些用户创建和维护自己的公众账号就如同以前维护博客一样。可以说，每个有影响力的用户都成为了一个自媒体。

当新的充沛流动的信息带来新的媒介形式的变化和更替时，它便接管一些传统媒体中流失的媒介权力。满足这些需求的应用，会获得巨大的发展空间，我们不再称它们为媒体或网站，而是将它们看成一个个独立的应用或账号，以碎片化的状态存在于社交网络中。

人们希望互动与分享的诉求，迫使媒体在社交时代重新寻找自己的生存方式。在寻找的过程中，我们发现，在网络社交时代，人们会产生一种“反社交”行为，尤其是在朋友圈，你会看到用户关于深度文章的阅读分享的比重越来越大。实际上，“粉尘”式的沟通并没有改变用户渴求好信息、好服务的需求，而是不断寻找优质信息，并推荐出去。

在社交网络中，任何企业或知名品牌都和普通用户一样，只是一个个账号，每一个账号平等存在。即便这个账号拥有再多粉丝和收听/关注，也无法改变它的局限性，也就是无法进入所有普通用户的时间与分享中。另外，由于每个人的好友范围、关系链不同，也会导致他们所看到的世界和接受的信息有很大的差异。

不同的社交网络都存在一个共同点，就是用户发出“信息”，用户与用户互相收听/关注并结成好友“关系链”，相互间通过转发、评论产生“互动”。用户发生的创造或分享、浏览、互动这一系列动作中，创造和分享是最重要的。一旦用户将信息发布出去，信息便拥有了生命力，它所产生的作用大小，引起转发以及覆盖的人群大小不一，也就会有不同的效果。

当社交网络逐渐成熟，很多中小企业或传统企业迫切希望成为大账号，以获得更多粉丝听众和订阅者，从而进入更多用户的世界。其实，账号本身就是轻应用，企业在社交网络中提供的服务，与用户的交互，都会发生新的化学反应。然而，每个账号背后都有力量，企业不应该只成为大账号，而是要让每一个自己的用户、每个账号，成为自己发展的动力。因为用户登陆的账号，不仅仅是一个简单的用户 ID，他所带入的是自己整个社交关系链和朋友圈。

实际上，有一大批企业已经拥有一个稳定的用户群。这个用户群经过多年锤炼和筛选，本身就是“大节点”，而大节点指的就是用户对其他人的影响力。随着电商与社交网络的结合，大节点的作用开始清晰地显现出来。有数据显示，面对朋友的分享，用户看到后参考的比例非常大，尤其是贵重的商品，询问或参考朋友建议的比例非常高。这时，被询问的朋友就是一个非常有影响力的大节点。

企业花费很多时间和成本，建立一个稳定的用户关系网络后，可以通过这个网络反复影响用户，并在用户的分享、讨论、互动所产生的信息流动中，再度获得更多新用户。由此可见，社交账号中蕴藏的“拉新”和“召回”，能够充分发挥扩散作用，这是很多企业拥抱社交网络的关键原因之一。

社交网络的影响力是通过一个个账号实现的。一个社交网络账号被采用的越多，其账号所蕴藏的活力以及对其他平台的竞争力也会越强。所以，各大社交网络都在努力推广自己的账号登陆系统，并鼓励自己的用户结识更多的好友。拥有广泛和深厚的关系链，将有助于用户的活跃与玩法的创新，还有助于合作伙伴的调用。这时，用户活跃不单是指在社交网络中，还包括使用这个账号活跃在其他应用中。

微信小店基于微信，可以方便用户注册服务号来实现开店创业的梦想。通过服务号来“拉新”和“召回”，随着大量的时间和成本投入，能够建立一个庞大、稳定的用户关系，通过该网络不断地影响用户，让用户在分享和互动中传递信息，同时获得更多潜在用户。

由此可见，每个账号背后都是力量，这不仅仅是指一个账号带来一个订单，同时该账号极有可能带来无数订单。各位店主想要达成这一目的，就要有一个很强的关系链，同时需要关系链上的各位参与者能够频繁地与他人互动。

微信小店的发展趋势如此美妙！开店要趁早，你还在等什么呢？

微信支付，打通 O2O 完整闭环的最后一步

当微信在官方公众号上发布“微信支付全面开通”这一消息时，微信朋友圈顿时炸开了锅，因为这意味着基于微信的移动商家有了支付平台，于是很多想开微信小店的人开始跃跃欲试。不过，对于微信生态圈的状态，有些店主还是有些迷茫，对于在微信平台上开店也犹豫不决，因为微信支付是否能够引爆移动支付时代，前景还未可知。

虽然微信一直都在不断地努力改善功能，开放各类接口，但企业最期待的仍然是微信支付。微信用户接入微信支付后，进行交易时，就可以直接进入微信支付界面。输入支付密码，就可以成功完成交易，无需进行复杂的网银转账。微信支付方便顾客交易的同时，也会大大提高顾客的成交率。

申请微信支付接口的店主，首先要申请服务号。微信服务号有多项开放的技术接口，而订阅号暂时没有。开通微信支付后，微信平台支持三种支付方式，分别是扫码支付、APP 内支付和公众号支付，其中公众号支付技术门槛最低。

对各位店主而言，微信支付为其提供了两种支付方式，一种是线上支付，即店主帮助顾客在微信内打开网页进行交易。另一种是线下支付，即店主将产品生成二维码，即使自己不在线，顾客也可以使用微信扫码进行支付。线下支付开放对象是那些已经开通微信认证且其经营范围属

于首次开放类目的服务号，而且仅限实物类经营，比如影音视频、图书等20多个类目范围。另外，易迅、滴滴打车等商家，都已接入微信支付功能。

开通微信支付遂了众多商家的心愿，同时也方便顾客交易，但随之而来的是微信支付的安全问题。微信平台为了保障大家的资金安全，采取了多重保护措施。比如绑定银行卡时，需要验证顾客的实名信息和银行预留手机号。绑定银行卡后，顾客还要设置支付密码。交易时，需要输入支付密码才能完成支付。如果顾客支付金额过大，还需要通过手机短信进行验证。这些都是微信平台为保障顾客的资金安全做出的努力。

更重要的是，微信支付已联合中国人保推出100%保障计划。如果顾客因微信支付导致资金被盗等损失，可申请保险公司赔付。索赔需要顾客提供相应损失的真实性证明和身份证明，经核实后，中国人保将会向顾客赔付全部损失。

虽然微信平台全面开通了微信支付，但微信支付仍然不得不面对强大对手——支付宝的竞争。要知道，早在2013年底，支付宝实名用户已接近3亿，其中手机支付用户有上亿人。单凭这些用户，就为支付宝带来了不可估量的财富，促使支付宝一跃成为全球最大的移动支付公司。虽然微信发展速度很快，但支付宝拥有强大的商业生态圈和活跃度，微信平台暂时还无法与其媲美。

实际上，微信全面开放微信支付，这一步对微信平台的发展极为重要，因为它为第三方微信服务号提供了一整套移动支付解决方案，也为企业提供了不可多得的低门槛链接亿级用户的机会。对顾客而言，伴随着各行各业商家的接入，将会为人们带来更加全面的生活服务；而对各类行业来说，开放的公众平台拥有了全面开放的支付能力，将会对移动互联网未来的发展产生极为重大的影响。

可以试想这样一个场景：通过微信与朋友聊天，向朋友推荐自己的店铺，然后朋友看上某件商品，直接选择微信支付。这种便捷的支付方式，将为微信小店带来巨大的收益。由此可见，微信支付功能让微信平台真正实现了 O2O 闭环，顾客不仅能够通过微信支付购买电影票、话费充值等虚拟物品，还可以在第三方应用以及为线下实体店产生的购买行为完成支付。而微信支付与线下场景的深度结合，俨然成为移动互联 O2O 的门票，将支付闭环全面打通，成为微信电商的又一个增长点。

背靠微信，微信小店强势登场

当移动互联网时代悄然而至时，微博、微信等社交媒体顺势而生。尤其是微信，自微信公众平台诞生以来，仅用了短短两年时间，用户就突破 6 亿人。这样惊人的数据，吸引了无数商家的眼球。很多人都认为，这个庞大的人群背后蕴藏着巨大的商机。嗅到商机的电商开始蠢蠢欲动，都想抓住这个千载难逢的机会创造新的财富，微店便在这种形势下顺势而生。

很多电商巨头争先恐后地将自家研发的微店平台纷纷上市以募集发展资金，其中包括口袋微店、喵喵微店、京东微店等。各种微店 APP 也以燎原之势，迅速进入如火如荼的应用阶段。就在各大电商巨头向微店发起进攻时，“微信小店”也以不紧不慢的姿态出炉了。

2014 年 5 月 29 日，微信公众平台对外宣布正式推出“微信小店”。

微信之前曾提出“微信，不仅仅是聊天工具”这一口号，随着微信小店平台的开放，这一口号和承诺也得以实现。微信小店是基于微信公众平台打造的原生电商模式，它的上线极大地满足了广大微信用户想要在微信中开店、售卖商品的需求，同时也意味着在微信公众平台上真正实现了技术“零成本”的电商接入模式。

微信账号有个人号和公众号之分，用户可以使用个人号来与朋友相互联系，类似于手机版QQ。公众号则是企业或个人用来对外交互的窗口，类似于微博，主要是向关注者进行图文传播和交互。

公众号又分为订阅号和服务号。一般来说，使用订阅号的用户大多是为媒体、用户提供信息和咨询，使用服务号的用户大多是企业或银行用来做客户服务的。如果你想在微信上开微店，使用服务号比较适合。

开设微信小店是有一定门槛的，店主必须具备以下几个条件。

第一，必须开通有微信支付功能的认证服务号，才能在微信公众平台上自主申请“微信小店”功能。

第二，微信小店仅支持微信支付，暂不支持支付宝、信用卡等支付方式（有待开发），所以各位店主需要开通微信支付。

第三，申请微信认证需要交纳一定的审核服务费。除此之外，如果店主需要开通其他服务项目，也需要支付一定金额的费用。

只有满足了这些条件的公众号，才可以开通微信小店。在微信小店开通前，各位店主还要耐心等待几天，待审核通过，才可以批量添加商品，实现快速开店的愿望。

那么，如何开通微信小店？其实，开通微信小店的步骤非常简单，其具体步骤如下。

1. 账号注册或者升级为服务号

如果你没有服务号，就需要进行账号注册。注册账号时，可以使用邮箱进行注册，填写完注册信息内容后，还需要激活邮箱。

打开激活链接，选择账号类型为“服务号”。然后在信息登记页面选择主体类型，并依次填写对应类型的相关信息，包括企业名称、营业执照注册账号、营业执照扫描文件、运营者身份证姓名、运营者身份证号码、运营者证件照片、运营者手机号码以及短信验证码等。

最后，在公众号信息页面，填写完账号名称、功能介绍以及运营地区等，你就完成了服务号的注册。耐心等待几天后，你就拥有了服务号。

如果你拥有微信订阅号，也可以直接将其升级为服务号。

2. 服务号开通微信认证

服务号申请成功后，就可以进行微信认证了。

如果你选择的主体是企业，想要顺利完成微信认证工作，必须提前准备好认证需要的相关资料，比如企业工商营业执照原件照片或扫描件、组织机构代码证原件照片或扫描件等。

填写相关的认证信息后，还需支付300元的审核服务费用。

当你提交订单后，需要等待几天。当微信认证审核通过后，就完成了微信认证。

3. 服务号开通微信支付功能

服务号完成微信认证，就可以开通微信支付接口了。

开通微信支付需要提交商户基本资料、业务审核资料和财务审核资料，审核需要耐心等待几天。待审核通过，就可以自行开设微信小店了。

4. 微信小店功能设置

根据自己经营的商品种类选择类目，然后再按照指引依次填写商品的基本信息，主要包括商品名称、商品图片、运费、库存、详情描述等。

在商品分组管理中，可以设置不同的分组来管理商品。分组可以用于将商品填充到货架中。商品上下架栏里，可以快速对商品进行上下架操作。另外，你需要选择货架，选择完毕后，可以将分组管理里面的商品添加到货架中。

一键将已编辑完毕的货架点击发布。最后复制链接，链接可以填入自定义菜单或下发商品消息中。这样，你就完成了开店。

了解并掌握了开店的流程后，就会发现开设微信小店非常简单。接下来，你需要考虑的就是如何发展客源。

与其他微店平台不同的是，微信小店封闭在微信服务号中，各位店主无法通过开放性渠道进行直接推广，只能推广相应的公众号。如果店主想要发展粉丝，只能借助于多渠道来吸引粉丝关注，比如朋友圈、订阅号、论坛等，然后通过线下活动，将粉丝转移到服务号。

当微信公众平台对外开放微信支付功能时，就为那些想创业的人提供了机会。即使你没有任何技术开发能力，也可以开启电商模式，对商品进行分类，真正实现了“零成本”开店。具备技术开发能力的商家，还可以自行开发微信小店的其他系统功能，通过开通相关接口权限增加微信小店的功能，便于店主的管理。

值得注意的是，微信小店对接微信支付的服务号必须是公司而不是个人。从某种程度上来说，商品质量有了保障，就会让顾客放心地购买，进而吸引更多的顾客在微信小店购买商品。

微信小店强势上线，并非所有人都看好这项服务前景，因为微信小店毕竟“年轻”，很多功能尚未开通，很多商家选择借助第三方的微商店系统（其他微店平台）来满足自己的一些基本营销和会员功能。即便如此，由于拥有微信支付这一便捷的支付功能，很多企业仍然纷纷入驻微信小店，比如“好药师”和“美丽说”等。

很多人都认为，微信只是一个社交软件，而微信公众平台推出“微信小店”，无疑让“朋友圈”夹杂了商业因素，影响用户体验。实际上，只要店主运用得好，在朋友圈里发布广告时把握好尺度，就会让朋友圈为自己创造出更多的价值。

总之，微信小店的上线标志着微信平台正在有序地开放，它的崛起也是网店平台发展历史的必然，将为商家以及整个电子商务生态带来新的无限可能。

雷军曾说，“只要站在风口，猪都能够飞起来”。凭借微信这一强大的社交平台，我们期待微信小店也能够飞起来。

昨天，你错过了淘宝网店。今天，你还想错过微信小店吗?

为什么那么多人选择微信小店

微信小店一上线，很多企业都争先恐后地入驻。即使开通微信小店的过程比较繁琐，等待审核的时间比较长，依然无法阻挡众人的热情。

众所周知，微信小店上线时间比较晚。在微信小店诞生之前，很多微店 APP 早已开始攻城掠地，比如微店网、口袋通、口袋购物、喵喵微店等。

这些微店平台的门槛普遍比较低，非常适合拥有很多空闲时间的草根族创业，比如大学生、白领、家庭主妇等群体。

相比之下，微信小店的入驻门槛并不低，而且个人用户无法注册微信小店。再加上一些审核服务费以及后续开通各项功能的费用，这样看来，很多人都会被这些所谓的门槛挡在门外，想入驻微信平台开店恐怕很难。

既然入驻微信平台开店的条件这么高，按道理应该有不少人打退堂鼓，放弃在微信平台开店。事实上，却有很多人想入驻微信平台，在微信上开店的热情非常高涨。到底微信小店拥有哪些优势，促使这么多人选择它呢？

下面我们就为大家介绍一下“微信小店”的巨大魅力，让大家对微信小店的优点有一个大概的了解。

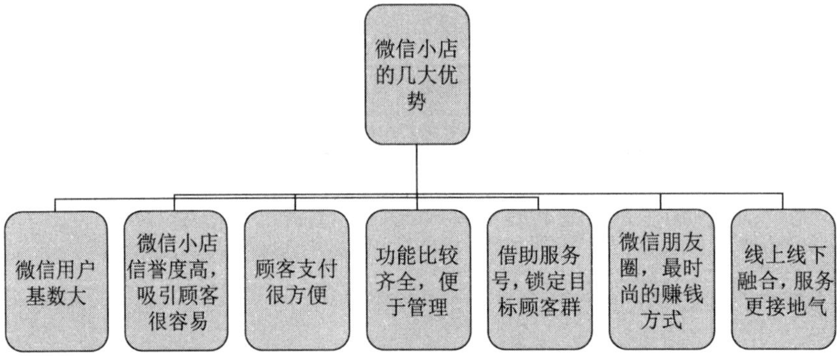

图 1-1　微信小店的几大优势

1. 微信用户基数大

2014 年第二季度末，微信和 wechat 的合并月微信活跃账户同比增长 57%，达到 4.38 亿。这次微信主要完善的是微信的群功能与支付功能。

众所周知，微信用户基数大，但究竟有多少用户，微信官方并没有公布具体的数字。微信是时下最火热的移动互联聊天工具，据第三方观察分析，目前微信总用户数是6亿，其中国内用户5亿，海外用户1亿。这是一个非常惊人的数字，并且其用户数量一直在持续增长。由此可见，微信用户的增长速度是非常快的。

微信拥有这么庞大的用户基数，若每个人在微信平台上花费1元钱，结果会怎么样？当然，我们不可能拥有这么多用户，这些用户也不可能全部都是我们的目标人群。店主需要的仅仅是利用微信来添加目标人群。

曾有媒体评价说：1万个微信听众相当于新浪微博100万个粉丝。微信拥有庞大的用户基数，因此其背后暗藏着巨大的商业价值。微信不但拥有很高的用户活跃度，而且用户黏性很强，吸引粉丝很容易，“保粉”也不难。难怪有这么多人选择在微信平台开店。

微信还在不断完善群功能及支付功能，用户可以使用微信入口登录京东网站，通过微信支付进行购物结算，并可通过搜狗搜索微信公众账号的内容。

wechat则肩负着微信国际化的使命。

2. 微信小店信誉度高，容易吸引顾客

入驻微信平台开店有一定的门槛，因此并不适合大多数的草根族创业，尤其是不给那些售卖假冒伪劣商品的商家入驻的机会。

这在一定程度上保证了产品的质量，大大提高了微信小店在顾客心目中的信誉和形象，自然能够吸引大量顾客前来购买。

3. 顾客支付很方便

只要你满足开通微信小店的条件，而且开店前的准备工作做得非常好，

想开一家微信小店非常容易，更重要的是顾客支付非常方便，不用下载其他支付平台，比如支付宝、余额宝等。

顾客进入店铺，在店铺内看中某件商品，可以直接下单，然后通过微信支付便可完成交易。这是很多人选择开微信小店的原因之一。

4. 功能比较齐全，便于管理

开通微信小店后，可以在微信小店后台实现添加商品、商品管理、订单管理、货架管理、维权等一系列操作。可以说，微信小店的功能比较齐全，非常方便店主管理。

更重要的是，店主可以结合微信公众号上自有的功能，比如用户管理、消息管理、用户分析等功能，用来管理用户，培养顾客的忠诚度，增加复购率。

另外，店主还可以通过微信提供的统计数据来评估店铺的经营情况和营销效果，然后根据实际情况作出相应的调整，制定更好的营销方案。

微信公众平台未来还会不断地增加和完善各种功能，所以对店主来说，经营微信小店又快又方便，赚钱更容易。

5. 借助服务号，锁定目标顾客群

开通微信小店前，店主需要有一个已经通过微信认证的服务号。那么，用服务号能做什么？

开店做生意，没有顾客可不行，尤其是目标顾客群，这时候服务号就可以发挥巨大的作用了。店主可以借助服务号，锁定目标顾客群。

与订阅号不同的是，服务号拥有一个非常实用的自定义菜单，自定义菜单不仅可以创建3个一级菜单，每个一级菜单还可以创建5个二级菜单。

店主可以好好运用这一功能。它不但可以将微信小店搬进去，每天还能推送一些与产品相关的文章。

比如，微信小店经营的是化妆品，就可以每天发送一些与美容相关的文章。这样不但可以帮助顾客了解更多的化妆知识和产品知识，还能有效吸引更多的潜在粉丝。

6. 微信朋友圈，最时尚的赚钱方式

伴随微信的火爆，微信朋友圈的潜在价值不可小视。有经济头脑的人，早已发现朋友圈潜在的商机。

朋友圈的商业价值主要源于信任营销。靠圈子、靠粉丝、靠熟人赚钱，已经成为营销体系中最时尚的一种赚钱方式。在朋友圈里，你可以将好的产品或创意分享给别人，这些信息很容易就能实现爆发式的传播和转发，形成口口相传效应。朋友圈里的每个粉丝都可以是你的传播因子，是你的产品营销员，同时还可以是产品经理，帮你出谋划策。

由此可见，朋友圈营销具有非常大的挖掘空间，给很多人带来了挑战和无限的机会。

7. 线上线下，让服务更接地气

线上，不论是售前咨询还是售后服务，店主皆可通过微信进行沟通和交流。同时，店主也可以在线上与顾客频繁互动，开展各种营销活动，以此来吸引新顾客，回报老顾客。

即使店主不在线，顾客也可以通过自定义回复，对店铺和产品进行了解。看中某件商品，即可直接下单，完成付款，甚至顾客通过扫码即可进入店铺购买商品，又快又方便，用户体验自然很高。这种线上线下的

互动方式，让服务更接地气，微信小店当然会受到更多人喜欢。

微信的这些功能优势，可以帮助各位店主有效地挖掘目标粉丝。这就意味着，开一家微信小店做生意不会很难，这也正是无数创业者选择微信小店的原因所在。

总之，只要各位定位好自己的商品和目标人群，再进行信息推广以扩展粉丝，并与粉丝进行频繁互动，建立一个长久、稳定的信任关系，相信你的微信小店会越来越红火。

哪些行业适合开微信小店

对于各位店主来说，微信拥有近 4 亿活跃的用户群，这可是一块极美味的蛋糕。很多在微信平台上开设微信小店的店主们，生意都做得非常成功。

比如广州本土蛋糕店“小西家作”，就是通过朋友圈的口碑营销，使得自己的生意做得非常火爆，尝到了微信小店这块“蛋糕”的美味。

表面上看，开一家微信小店赚钱很容易，实际上，这里面还有很多门道是大家所不知道的。

众所周知，开设微信小店是有一定门槛的，而且它针对的仅仅是企业。自“微信小店”功能推出后，各个行业的店家便开始在微信上试营业，比如餐饮、服装、家电等。

究竟什么行业最适合在微信上开店？微信著名小店好药师的 CTO 王乐天表示，“微信小店的接口功能非常适合中小商家，尤其是 O2O

的线下商家”。他还表示，微信是一个非常不错的垂直电商服务平台，能够较好地完成售前、售中以及售后服务。

从这个角度来看，适合在微信平台上发展的电商分为三类：第一类，品牌商；第二类，线上的电商（C2C），当然还有自媒体等；第三类，与生活服务 O2O 密切相关的行业。比如餐饮业，通过添加关注，顾客就可以在微信小店点餐，选择店内消费或送餐服务。

对于新店主来说，开店前一定要想好自己售卖的产品是什么。理论上来讲，任何东西都可以拿到微店来售卖，但未必所有的商品都适合开微信小店。

很多店主急切地想知道到底哪些行业适合开微信小店，这里为大家介绍几个比较适合开微信小店的行业，可以给大家一个参考。

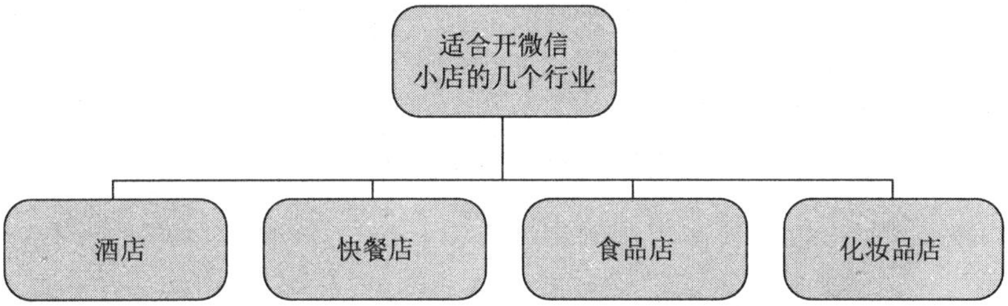

图 1-2　适合开微信小店的几个行业

1. 酒店

一般来说，只要与顾客进行互动，就可以了解到你的粉丝需求在哪里。对于酒店行业的商家来说，完全可以通过实在的服务来获得顾客的关注，一旦顾客使用微信时，有问题可以及时得到回复，获得相应的处理。用户体验得到了提高，赢得了顾客的好口碑，接下来，盈利就变成顺理成章的事情。

当然，还必须关注互动消息量，因为从这里可以看出有多少活跃顾客愿意和我们沟通。顾客通过微信实时与你互动，向你提出各种问题，你就可以从他们的问题中知道自己要做什么了。有了良好的沟通，酒店的生意自然会越来越好。使用微信支付结账的顾客，往往成交率高，从而降低了退订率。

2. 快餐店

很多微信店主都以低价格来吸引顾客，但这只是短暂吸引顾客的方式，不利于店铺的长久发展。怎样才能抓住顾客，留住顾客的心呢？相信不少微信店主都想到了个性服务，尤其是餐饮行业。

餐饮行业，特别是外卖快餐，因为受到顾客叫外卖难、客户投诉多、等待时间长等问题的困扰，发展一直受阻。即便通过网上下单，顾客也很难从众多网站中找到合适的餐厅。送外卖时，由于送餐服务员对送餐地址不熟悉等因素影响，导致顾客等餐时间长，造成顾客服务体验不好，这些都是餐饮行业面对的问题。

当然，还有一个问题就是，让顾客登陆网站叫外卖不是很方便。如果在微信平台上开店，餐饮行业的店主可以利用微信公众号做一个网站的接口，这样顾客就不需要进网站了。有了微信小店，店主还可以通过微信与顾客进行餐前、餐中和餐后的沟通。

餐前，顾客可以根据自己的口味和需求，选择菜品的辣度、菜量等。送餐过程中，顾客可以通过微信菜单了解送餐情况，比如，外卖是否已送出。当然，如果顾客能够通过微信联系送餐人员，服务体验会更好。餐后，顾客还可以对外卖食品进行点评。

这样一来，店主通过微信小店，就能轻松实现线上、线下一体化管理。有了微信小店后，因为运营成本减少，效率提高，店铺外卖收入和利润都会明显增长。

3. 食品店

对于食品店店主来说，不管你是经营自己的朋友圈，还是为顾客提供各种配套服务，最终打动顾客购买的是商品质量，这是店铺经营的重点。让顾客知道他们吃到的食品是最好的，这才是最重要的。

很多店主最初的运营通道都是通过微博、官方网站来获取顾客。为了保证食品的品质，店主绝不出售隔夜食品。虽然食品店通过官网能够实现精准化管理，但顾客必须通过电脑进行操作，导致使用门槛较高。有时候客流量突然增加，也会出现很多错单。有了微信小店后，顾客添加关注，就可以自主选择食品品类、支付款项、确认信息，最后到店拿货，这就让店主的食品店真正实现了微信下单和 O2O 闭环。

当然，店主还可以将自己挑选食品的过程，或者是食品运输过程，写成心得链接到微信。通过这些新的交流方式，微信好友就会了解食品的制作过程，其顾客转化率也会相应提高。

4. 化妆品店

如何吸引更多的顾客到店购买化妆品，这是每个经营化妆品的店主每天都在思考的问题。其实，店主大可不必犯愁，开一家微信小店，利用微信朋友圈来发展自己的粉丝，扩大自己的客流量，可以明显增加销售量。

店主可以将自己或顾客使用化妆品的心得发送至朋友圈，刚开始可能没有多少顾客下单，但只要你坚持，每天发送一些自己或朋友使用产品的反馈信息，顾客就会关注这些信息。久而久之，等顾客足够信任你之后，就会主动跑过来向你下单。

微信拥有庞大的用户数量和使用频度，这可以作为移动互联网服务的入口。有了“微信支付＋手机”搭建的微信商城，二维码还能帮助店主开展线下业务，这些对大部分店铺都适用。如今，微信又推出“微信小店”功能，提高了“微信连接一切”的能力，就能将微信的普适力带给更多的企业。

至于哪些行业适合开微信小店，哪些行业不适合，并没有一定之规，你只有尝试了才能知道。

哪些因素让人们望而却步

前面为大家介绍了微信小店的几大优势，比如开店比较容易，顾客支付方便等。不难看出，微信小店是基于微信支付功能，通过微信公众号售卖商品，可以实现包括开店、客户关系维护等功能，有点类似于移动端的淘宝。

即使商家没有任何技术开发能力，也可以在微信平台上开启电商模式，对商品进行分类、分区陈列，从而实现“零成本”开店。如果具备开发能力，还可以通过开发微信接口的方式，自行开发商铺系统，通过相关的接口权限，更方便地管理商品和数据等内容，进而实现更多功能。

可以说，微信小店功能比较全面，开店的优势有很多，因此深受大家欢迎。不可否认的是，希望入驻微店的人很多，但真正在微信平台开店的人却没有大家想象的那么多，更多的人由于开通微信小店的高门槛以及其他原因选择观望。那么，到底是哪些因素让渴望在微信平台上开店的人望而却步呢？

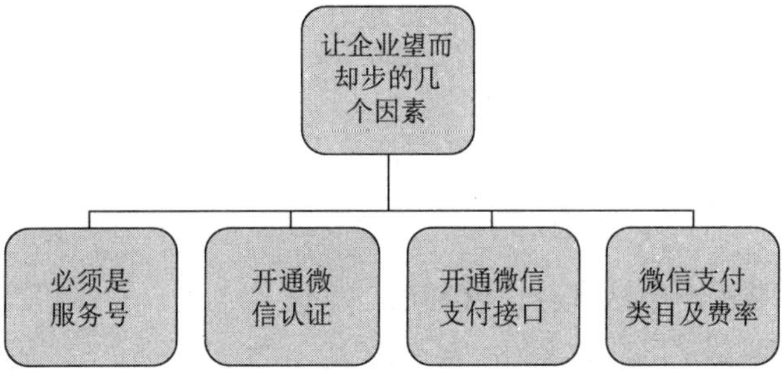

图 1-3　让企业望而却步的几个因素

1. 必须是服务号

随着微信支付功能的全面应用，很多人将目光投向了微信小店。以前有些人通过申请订阅号来宣传推广自己的产品，但想要申请微信支付，必须申请微信服务号才行。也就是说，想要在微信平台上开一家微信小店，必须要有微信服务号。

由此可以看出，服务号是开通微信小店的首要条件之一。如果你没有服务号，只有订阅号，就无法使用微信支付，也就无法经营微信小店。为了解决微信客户的抱怨，腾讯公司对 2013 年 8 月 5 日前申请的订阅号提供了特殊的优惠政策，即可以通过申请将订阅号免费更改为服务号。2013 年 8 月 5 日以后申请的订阅号，就不能免费更改了。

2. 开通微信认证

除了拥有一个服务号，经营者还必须要通过微信认证，这也是开设微信小店的必要条件。

在开通微信认证时，只要经营者符合微信认证的条件，并且准备好了微信认证的一切资料，比如企业工商营业执照原件照片或扫描件、组织机构代码证原件照片或扫描件、账号运营者身份证照片或扫描件、申请公函加盖企业公章的原件照片或扫描件、企业对公银行账号、电话号码以及300元审核服务费，就可以申请微信认证。

微信认证不一定一次就能审核成功。令人感到欣慰的是，一旦认证失败，还可以继续申请认证。也就是说，支付300元审核费用，可获得5次申请认证的资格。5次申请认证都未成功，再次申请认证，就需要另外支付300元认证费了。

提交微信认证订单和相关资料后，经营者还需要耐心等待几天。一般来说，审核的时间是7个工作日以内。一旦审核成功，会有相应的信息提示，经营者可以进入微信公众平台查询。

从微信认证的条件可以看出，如果你是个人，就无法开通微信认证了。也就是说，如果是个体经营者，就没有办法开通微信小店来实现自己的创业梦想，即微信小店并不适合个人创业。

3. 开通微信支付接口

实际上，开通微信支付接口，也是开设微信小店的必要条件之一。

当你有了一个通过微信认证的服务号，就可以开通微信支付接口了。开通微信支付接口前，经营者需要准备好相关资料，其中包括税务登记证、开户行许可证、运营者手持证件照片、业务经办人身份证扫描件、营业执照扫描件、组织机构代码扫描件、税务登记证扫描件、公司对公银行账号、财付通银行账户证明函（需盖公章）、《微信公众平台商户功能申请以及承诺函》（需盖公章）以及《微信支付协议》（需盖公章且加盖骑缝章）。填写好资料并提交后，需要耐心等待几天。待审核通过，就可以自行开设微信小店了。

另外，开通微信支付接口后，微信公众平台还会提供“假一罚三，7天退款”的支持服务。

4. 微信支付类目及费率

虽然很多人都非常看好微信小店，并且有入驻微信平台的意愿，但微信平台对商户的品牌属性、所处行业、产品资质、从业资质等开店资格审核非常严格，最终能够通过审核的商户只是极少数。随着微信小店平台的发展，相信日后腾讯会逐渐放宽这方面的审核要求，甚至有可能实现商户自助申请。

开通了微信支付接口，并且店铺产生了订单，微信平台还会收取一定的手续费，也就是大家通常所说的佣金。对于不同的商品类目，微信平台收取的佣金费率也不相同，最高为订单金额的 2%，最低为 0.6%，而且大多数结算周期都是 T+3，即付款之后的第 3 个工作日。

另外，与支付宝不同的是，微信支付采用的是即时到账和非担保交易模式。也就是说，顾客付款后，资金会直接进入店主的财付通账户，只不过需要等待 3 天后方可结算和提现。

值得注意的是，一旦经营者确定了微信支付类目，那么微信小店售卖的商品必须在所选的微信支付经营范围之内。经营微信小店的过程中，经营者还必须要遵守微信公众号以及与商户功能相关的各项协议和规则。

以上这些条件，对于成熟的企业来说，可能并不算是多高的门槛。但对于一些新成立的中小型企业来说，这些门槛足以让他们望而却步。再加上微信小店是新生事物，很多功能并不完善，甚至有些类目根本没有，这就直接导致一些中小企业没有办法开设微信小店。

不过腾讯公司一直在努力健全微信平台的各项功能，日后将面向更多的企业开放。相信广大中小企业入驻微信小店后，未来一定会获得不错的收益。

从微信到微信小店，完成开店工作

微信小店的上线，不仅让微信电商逐渐走向了规范化道路，同时也开始以一种厚积薄发的气势，向阿里等电商平台发起了挑战。

为什么说微信小店的上线实现了微信电商的规范化呢？这是因为在微信小店上线之前，微信平台上就已经出现了“电商模式”，这就是大家所说的“微商”。所谓微商，即国内领先的社会化商业解决方案及系统提供商，专注于为企业和组织提供包括社会化媒体管理平台、无线应用方案、社会化电子商务解决方案、微应用等产品和服务，以帮助企业和组织实现社会化网络环境下的一种商业创新。

说得通俗一些，微商就是利用社交平台在线交流，进行产品或服务营销与交易的一种电商行为，常见于QQ和微信平台上。我们经常看到的那些在朋友圈或者QQ空间的产品推荐，便属于微商的范畴。这种微商模式的存在，由于没有固定的商品经销网络平台，看上去像散兵游勇一样，很不规范。微信小店的诞生，则使微信电商的存在模式实现了突破。

其实，在推出微信小店功能之前，微信公众平台就已经对外开放了微信支付功能，企业和商家，尤其是电商行业，对微信公众平台的能力需求有了进一步的提升。当时微信还被定位为“即时通讯服务的免费应用程序”，在之后两年多的发展中，腾讯对于微信的改造也只是一些轻微的细节变化。

可以说除了推出了微信公众平台之外，腾讯对微信的态度基本上是“不管不问”。

2014 年 5 月之前，如果有商家意图通过微信平台实现电商功能，首先要有强大的技术开发能力。腾讯推出了微信小店功能后，即便商家没有任何技术开发能力，也可以开启微信电商模式，实现零成本开店。

通过微信小店，商家可以在后台实现添加商品、商品管理、订单管理、货架管理、小店概况、维权等一系列操作工作，进而丰富微信和微信支付的应用场景。商户建立自己的微信小店后，还有助于扩展微信公众账号的业务范围。

那么，从微信到微信小店，都需要经历哪些环节呢？由于存在相关环节的审核验证，在微信平台完成开店工作是需要一定时间的。开店环节包括注册微信公众号，进行微信认证，开通微信支付，最后成功开店。

微信小店的诞生，使得微信公众平台瞬间成为互联网创业的焦点。“小而美”的开店模式，简单的操作过程，不仅让微信公众平台真正实现了“零门槛”的电商接入模式，同时也让微信营销成为每个商户或店主都能够企及的创业梦想。更重要的是，这也促使微信营销以及微信应用第三方市场走向专业化和规模化。

1. 专业化：从平台抓起，向专业进军

微信平台自诞生之初，便吸引了数量众多的商家入驻微信第三方市场。随着微信第三方开发商的大量云集，微信营销市场被搅得天翻地覆。2014 年 2 月，腾讯曾经推出微信第三方服务市场（也称“微信云”），该权威平台的目的便是规避第三方市场带来的风险。即便如此，微信第三方服务市场也未能躲过“祸乱”，如客户信息安全遭到质疑，导致一批微信第三

方服务商下架。

微信小店的开启，使得微信第三方服务市场从表面治理实现了有利渠道有效疏通的转变，是腾讯注重微信营销本质的一次飞跃。作为微信营销的核心平台，推出微信小店后，微信公众平台将使微信营销更加专业化。

2. 规模化：微信第三方的发挥空间

微信小店推出之初，很多商户对此感到震惊不已。不少业内人士认为，微信第三方开发商或将因为微信小店的推出而绝迹于微信市场。实际上，微信小店的开通不仅不会阻挡微信第三方市场的发展，还会为微信第三方市场指出一个发展方向，让微信营销以及微信第三方市场逐渐走向规模化的发展道路。

国内首家微信营销软件——微信宝负责人刘学林说，“微信小店的开通，给所有商户提供了很好的开店平台，这是腾讯规划微信营销市场的步骤。腾讯借由微信小店为商家提供开店所需的店铺，但是腾讯不会也不可能强制管理店铺。腾讯只能提供店铺，至于店铺如何装潢，如何设计，则是微信第三方服务商的责任”。

几年前，人们还在为微信的未来发展以及微信第三方市场的前景惴惴不安。如今，随着微信小店的开张，腾讯抛给微信营销以及第三方市场一盏明灯：开通微信小店，走电商路线，这才是微信第三方市场的王道和未来！

面对这一变化，众多微信营销人士以及第三方服务商蜂拥而起，凭借自己的坚实实力和超前的技术，积极响应腾讯发出的号召，誓要为微信营销市场的开拓和发展贡献自己的创业激情，为微信营销市场的未来开辟一条全新的道路。

不少互联网业内人士表示，微信小店的出现，是微信进入有序开放和发展时代的一个里程碑式的标志，同时也是腾讯在电子商务领域的一种新探索。微信小店的诞生，必将为广大商家带来更多的创业机会，甚至可以为整个电子商务生态带来新的无限可能。

此外，作为一种创业平台，推出微信小店，能够为微信公众平台的生态环境带来新的变化，通过建立统一标准的接入服务，为业界拥抱移动互联网搭建更好、更便捷的平台。

时不我待，各位创业者赶紧抓住这个创业机会，尽快开通微信小店吧！

第二章

磨刀霍霍，做好微店准备工作

“名将不打无把握之仗”，经营微信小店也是一样。开通微信小店之前，各位店主需要做好准备工作。“万事俱备，只欠东风”，是微店准备工作完成的最佳状态。之后，店主就可“磨刀霍霍”，正式开办微信小店了。

给微信小店起个让人记住的好名字

2014 年可以说是微信吸引力爆发性增长的一年。这一年，不时有媒体报道某某微信公众号又赚了多少钱。如自媒体节目“罗辑思维”，2013 年 8 月推出微信会员收费制度后，短短 6 个小时内，5500 名会员名额便被抢光，创收 160 万元，开创了互联网商业的一个神话。

就目前情况而言，微信营销吸金模式仍处于探索阶段，不过还是有相当一部分人感受到了微信营销带来的好处。微信小店的兴起，则是开启了新型的网店模式，让各位微信小店店主实现了在微信平台上开店的愿望，引来一片叫好声。

在开通微信小店之前，各位店主需要做好一系列准备工作。首先，便是给微信小店起一个响亮易记的好名字。那么，什么样的名字才算是一个好的微信小店店名呢？店名和人名一样，不是自己用的，而是给别人用的。取名字的关键，在于能够让人牢牢记住。

1. 店名令人印象深刻四要素

根据对店名以及微信小店的观察和研究，要想让店名令人印象深刻，需要遵循以下几点。

（1）感觉时尚。

微信小店的潮流嗅觉往往要比商场快一些，多则一年半载，少则一月

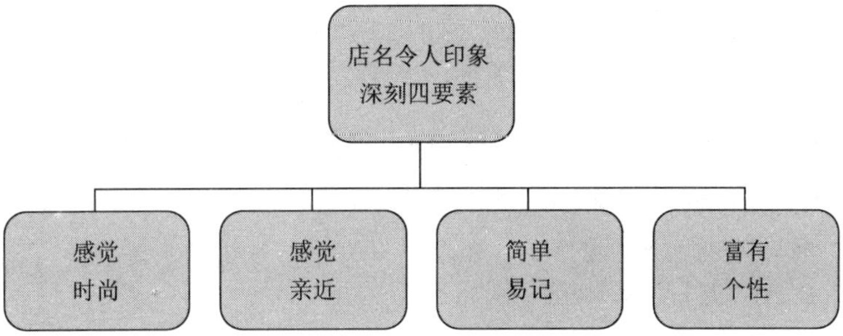

图 2-1　店名令人印象深刻四要素

半月。像 2014 年夏季开始大热的茶花花饰、伞裙、宽腰带等，这些时尚潮流最初都是从微信小店开始的。

作为必不可少的时尚元素，尤其对于那些主打服装的微信小店来说，首先要从店名入手。取一个让人感觉时尚的店名很有必要，如“新新衣类”，听上去就非常时尚。微信小店的店名可以随时更换，但有一点要记住，就是永远让小店的“第一宣传点”走在流行的最前沿，并让众人印象深刻。

（2）感觉亲近。

没有人喜欢和冰冷无情或者有距离感的人打交道，平易近人容易让人产生好感，微信小店的店名也是一样。取一个让人感觉亲近的名字，让人心情愉悦的同时，也能够很快让人记住小店。如“好邻居干果”，听起来就让人倍感亲切，毫无距离感。

（3）简单易记。

有的店主为了让自己的店名能够“一鸣惊人”，在给自己的店铺取名字时，常常会使用一些生僻的汉字、符号或字母。孰不知，这样取名不仅不能达到目的，不容易被他人熟记，反而容易导致顾客因看不懂或读起来拗口等原因放弃交易。

各位店主在给微信小店取名时，务必要遵循简洁明了、通俗易懂、朗朗上口的原则，这样取的名字才能让顾客过目不忘。如“小美饰品”，名字简单明了，很容易记住。

（4）富有个性。

个性是小店区别于其他店铺的最重要元素。和人一样，一个充满个性的店铺，往往更容易给人留下深刻的印象。很多微信小店都在店名上彰显自己的个性，力求在茫茫的“店”海中以个性取胜。

这里说的个性，并不单单指能吸引广大买家的眼球，它包括以下两个层面。

第一，突出店铺个性。

创意是店名个性化的头号法宝。对于广大消费者来说，有创意的店名不仅能够更容易将其吸引，同时还能触发他们对这家店铺与众不同的期待。如“衣拉客”，这个店名很容易让消费者明白店铺是销售服装的，同时还很有个性。

第二，突出店主本人个性。

当店主本人的个性通过店名形象贴切地传达给广大买家时，人们也更容易对店铺产生一种亲近感，同时对店铺产生信赖和期待。这一点尤其是对于经营特异性商品的店铺具有明显的效果，能够一举打破消费者心中那种虚拟的不安全感与虚幻感，让他们牢牢记住小店的名字。如“实在人茶艺”，店名中透露出店主实诚的个性。

当然，取名还要考虑客户群的具体心理情况。

2. 店铺取名小技巧

上面所说的都是店铺取名的原则问题，比较抽象。其实，在为微信小店取名字时，各位店主还可以具体运用一些小技巧，吸引更多的买家来关注你的店名，同时记住你的店铺。

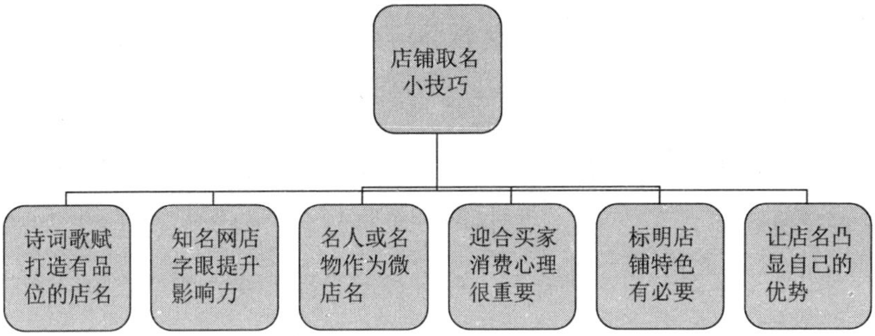

图 2-2　店铺取名小技巧

（1）诗词歌赋打造有品位的店名。

诗词歌赋容易让人产生丰富的联想，也是店铺命名的素材。如果买家第一眼看到店名时，就能对店铺销售的商品产生美好的联想，更容易给买家留下深刻印象。如卖书的微信小店，可以取名为“黄金屋”、“书山有路”等。

（2）知名网店字眼提升影响力。

“站长巨人的肩膀上看得更远”，这也是小店铺打开知名度的生存之道。如果店主能够把那些知名网店的名字巧妙地运用在自己店铺的名字中，不但能够提升店名的热度，同时更容易让人记住。如“七格格 TOP 潮品”是淘宝知名服装网店，各位销售服装的微信小店店主，便可以顺势给自己的店铺取名为“七格格小店”，以此“借光”。

（3）名人或名物作为微店名。

借助人名、地名以及物名给自己的店铺命名，我们可以将这种命名方法称为“借名生辉”，包括借鉴“名字＋行业”这种传统店铺的命名方法。比如销售茶叶的店铺，便可以用“老舍茶馆”来命名。

（4）迎合买家消费心理很重要。

换位思考，按照广大买家的需求来构思店铺的名字。一般情况下，店主可以参考以下几个方面进行考虑：迎合阳光心理需要，即店名听上去有明快的感觉；迎合喜“洋”心理需要，也就是店名包含西式元素；迎合求吉心理需要；迎合猎奇心理需要；迎合怀旧心理需要，如“衣帘幽梦”，便是充满怀旧意味的服装小店店名。

（5）标明店铺特色很有必要。

这里主要指的是以微信小店的经营类别、经营商品的特性为出发点，经过引申、演绎之后，将其融入到店名中，并在第一时间传达给消费者。

店主可以从商品特色以及商品对应的消费者特点两个角度来思考，如“创意礼品”“生活厨房”“家居用品”。

（6）让店名凸显自己的优势。

在店名中突出店铺的优势，可以让店铺在众多的店名中脱颖而出。

为了让买家更容易记住店铺，店主可以在店名中嵌入店铺特色、口号主张、品质保证、信誉等级等。比如“高品质超人气女装”、“上海商盟”、“100 包邮”、“四皇冠”等。

以上是向各位店主提供的一些给微信小店取名的相关技巧，参考这些方法，相信各位一定能够给自己的店铺取一个让广大买家印象深刻的好名字。

店名应当符合店铺经营商品、经营业态等基本属性信息，但包括微信小店在内的网店命名，则可以比实体店命名更加灵活，在一些方向性的选择上也更多。不过，也正因为是在网络上，就更有必要对店铺的功能性进行强调，以便做到更好地宣传。

总之，微信小店的命名可以海阔天空，不拘一格，但其本质都是为了让店名更加“深入人心”，甚至通过店名给自己的店铺带来更高的知名度。只要认清这点，也就清楚店铺命名的大体方向了。

储备货源，从源头解决产品问题

当各位店主最终决定自己销售商品的品类后，紧接着就需要考虑商品的货源问题了。说得通俗一些，也就是想好卖什么之后，就该想怎么卖了。是自己进货，还是代理别人的产品？这是每一位店主都需要考虑的货源问题。

店主开店之前，需要储备好自己的货源，从源头解决产品问题，确保微信小店开通和后续经营环节万无一失。严格来说，货源是一个重大而复杂的问题，涉及到微信小店的销售定位、推广佣金、成本计算等诸多后续工作，各位店主有必要进行认真和全面的思考。

对于微信小店的货源问题，其实和其他微店平台的货源一样，各位店主既可以自己进货——卖自己的商品，也可以做代理——卖别人的产品。

这两种微店经营模式都能够为店主带来回报，只不过前者是赚取利润，后者则是赚取佣金。

下面就为各位店主讲解一下这两种货源问题的解决方式，需要如何操作以及在操作过程中会遇到哪些细节问题。

1. 市场批发，货源自我提供

店主自己批发、自进自销的话，需要找对、找准、找好货源，这就要求货源对路，还要考虑产品质量和运输等问题——批发场地不只一家，有远有近，商品进价有高有低，而且商品质量也有好有坏，需要店主进行综合评估，最终作出选择。

如果打算开设微信小店的店主同时还是一位实体店经营者，那么货源就不是问题了——反正开不开微店，货品都是现成的。对实体店经营者来说，微信小店更多地是起到宣传推广的作用。实体店生意再加上微信小店的网销，相信两者一定能相互促进。

在微信上经营小店这种方式，比较适合同时经营实体店的店主朋友，有现成的商品售卖，要比做代理只赚推广佣金能够获取更多回报。

如果开设微信小店之前并没有经营实体店，那么自己组织货源在微信上售卖，长期统计下来，未必能够收到比代理销售更好的经济效益。因为自己囤积货源是需要付出管理成本的，而且还涉及到商品滞销、过期等不良情况，这些都会增加经营成本。综合来看，如果店主并没有经营实体店，其实没有必要自己进货，做代理是更好的选择。

店主可以多看几家批发市场，进行比较和综合考量之后，再作出最终选择。当成功进货后，店主可以按自己的需要对商品进行拍摄，然后将商品图片以“添加商品”的形式上传到微信小店。以后还能随时按自己的想法更新，非常方便。

这里需要提醒各位店主：在批发货物的过程中，一次不要批发太多。每件货物可以先买一两件样品回来，看看是不是符合自己的需求，是否能够顺利地在微售小店中销售。经过验证适销对路后，再进行一定量的批发。

2. 做好代理，货源从别处来

代理是大部分微信小店店主的最终选择。对于广大的非实体店经营者来说，开个微信小店做代理，卖别人的产品，从中赚取佣金，是最佳的经营方式。

代销也就是做别人的分销商，代理销售。达成合作意向后，店主便可向自己所代理的商家索要包括商品照片在内的商品信息，以便在后续的商品添加环节上传商品信息。

当然，做代理的前提是店主要建立并维护具备一定的规模的社交圈，如此才能形成良好的推广效果，进而赚取可观的佣金。这里需要提醒各位店主的是，在找到自己中意代销的店铺后，最好先进行实地考察，确保货源真实可靠，能够保障和买家形成安全、顺利的交易。

店主在选择代销商户、选择货源的时候，如果对方让你交纳一定的费用，不要立即答应，而是应当进行实地考察，看看这个商家到底是否可靠。网络上好多一件代发的商户，在代理商交完钱后，回过头来想退时就变得异常困难了。

另外，在为别人做代理的过程中，一定要事先和商家商榷好推广佣金等事宜，避免日后引起不必要的误会和纠纷。

很多有意开设微信小店的用户苦于没有合适的货源，或者不想手里存货，但是又不知道如何解决货源问题。其实相对于其他微店平台来说，微信小店的货源问题反而相对简单。只要你找到自己想要销售的商品，无论是哪种类型的商品，都可以成为其代理商，不需要店主进货。只要和商家妥善商议，便可在自己的微信小店里进行销售了。

做好 logo，设计一个吸引人的微信小店头像

在微信小店的准备工作中，除了给微店取一个好名字之外，设计一个能够吸引人的微信小店头像，同样是各位店主要考虑的问题。

想必大家都对微信公众号有所了解。目前，很多微信公众号普遍建立了自己的营销价值，其打造营销价值的基础，是拥有一定规模的粉丝数量。微信公众号能否在第一时间内吸引到广大用户的目光，是决定其能否成为自己粉丝的重要因素，而微信公众号的名字和头像在其中起到很关键的作用。

一个好的微信小店头像，能让广大买家觉得赏心悦目，进而吸引他们进入店铺，成为各位店主的潜在客户。更重要的是，具有一定吸引力的微信小店头像能获得更多的关注目光，提升店铺的点击率和人气。广大买家还可以通过特别设计的头像，了解店铺主营的产品品类，从而为快速选择和下单奠定基础。

如何才能做好微信小店的 logo，设计出一个吸引人的微信小店头像呢？下面为大家介绍一下设计微信小店头像的一些小窍门，希望对大家有所帮助。

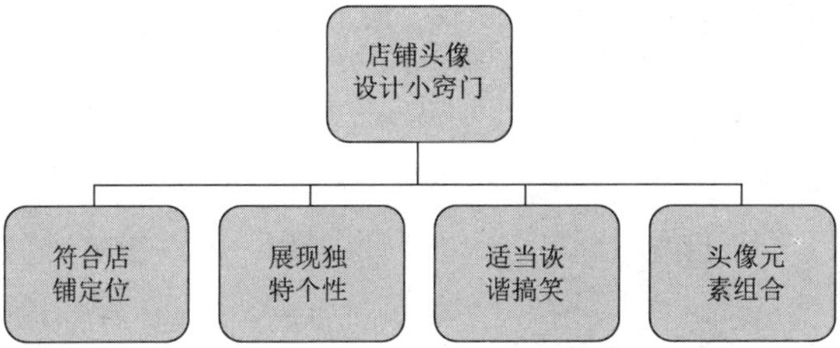

图 2-3　店铺头像设计小窍门

1. 符合店铺定位

设计店铺头像的第一要素，是要确保头像符合店铺的定位。这并不是说店铺做什么就用什么样的头像，如此设计头像是不能够吸引人的。店铺头像需要做到既符合店铺定位，同时又巧妙、含蓄地去揭示你所售卖的产品。

如果买家看到店铺头像的第一眼便知道你所售卖的产品，你的店铺也就没什么神秘感可言了。神秘感往往是激起广大买家探索欲望的最好动因。

比如，销售童婴产品的店铺，可以将一个可爱的婴儿照片作为自己的小店头像。买家看到头像的第一眼会很开心，然后产生不知道店铺销售的是儿童服装还是婴幼儿食品的疑惑，之后进入店铺一探究竟。

图 2-4　婴幼儿可爱头像

图 2-5　某服装店铺使用的孙俪头像

2. 展现独特个性

个性是人们吸引他人的一个很关键的元素，这一点在店铺头像设计方面同样适用。一些很有自信的店主，可以将自己独特的一面拍摄下来作为店铺头像，通过展现自己的独特个性，吸引广大买家点击店铺。

个性化是没错的，不过过分展现自己的个性容易引起他人的反感。那么如何才能做到既独特又不过分地展现自己的个性呢？

如果自己的形象不能够给别人带来舒适感，建议还是不要贴出来雷人了。即便是你再有个性，也最好不要这样做。很多店主会巧妙地借用一些包括名人在内的具有影响力的头像，这是一种比较聪明的做法。

图 2-6　宠物萌照

3. 适当诙谐搞笑

没有人喜欢过分古板、刻板的东西。相反，人们对开心和快乐的事物都会心生好感。为了能够让买家在看到店铺头像的第一眼感到快乐，进而对店铺产生喜爱心理，有些店铺头像有必要适当添加一些诙谐搞笑的元素。

搞笑的头像能够让每一个买家在捧腹大笑之余，进一步引发他们的好奇心：如此搞笑的卖家，店铺是否也能给人带来意想不到的开心呢？有些店铺可以将头像设计成夸张有趣的形象照，比如，销售宠物用品的微信小店，可以将自己的店铺头像设置成宠物卖萌照。

4. 头像元素组合

从店铺头像的视觉体验来讲，广大买家的第一眼感觉很重要。店铺设计出来的头像能不能紧紧抓住广大买家的眼光，决定了店铺能否紧紧抓住这个买家的内心，进而促成交易。

除了上面提到的几点，关键还需要店铺能够将吸引广大买家的店铺元素有效组合，以此增加店铺头像的吸引力。

头像元素组合包括：头像主体形象要鲜明，头像颜色对比要鲜明，文字与形象组合（最佳组合头像）。

图 2-7 “索莱思”女装店铺头像

总之，微信小店的头像反映了店铺的经营风格以及店主的情商，务必要做到正统中又不失活泼。更重要的是，它是微信小店吸引广大买家的第一视觉要素，更是形成交易的一个前提。设计一个吸引人的微信小店头像，不仅能为小店带来源源不断的顾客，同时还能帮助你打响微信小店品牌，各位店主一定要慎重对待。

生成二维码，方便粉丝关注

移动互联网时代催生了很多新兴事物，二维码便是其中的重要代表。

随着自媒体“扫一扫”等二维码扫描功能的诞生，二维码的应用具备了更大的想象空间。移动互联网汹涌而来之时，人们相信“谁先拥抱移动互联网，谁就能赢得未来”。当二维码开始在全球泛滥时，人们又认为“谁先拥抱二维码，谁就能率先赢得市场”。

作为一种链接渠道，二维码就像是人们打开移动互联网大门的钥匙。通过扫描二维码，人们立即就能进入到相应的互联网页面。短短两年时间，二维码便如雨后春笋般在我国大中小企业中被广泛应用。如今，购买产品之前扫描产品对应的二维码，早已成为广大消费者的消费习惯，似乎二维码已经成为了消费前台。

图 2-8　桃子上的二维码

除了消费领域中的二维码应用，更多的企业和商家更注重将二维码应用到页面跳转、添加关注这一引导行为上。有了这些二维码，大大提高了粉丝对各企业主页平台进行关注的便利性。

这一点在微博、微信上

体现得更加明显。很多商家或企业都将自己的自媒体主页以二维码的形式散播出去，以此引起人们的关注。很多微信公众平台，便是通过二维码进行传播和营销的。

微信小店要想让更多的粉丝对自己进行关注，同样可以借助二维码进行微信小店的推广，并且能够收到良好的营销效果。如很多同时开有实体店和微信小店的水果商，会在水果包装上印制微信小店的二维码链接，方便顾客关注自己的店铺主页。

其实二维码能够摆放的地方有很多，这里为大家例举几种。

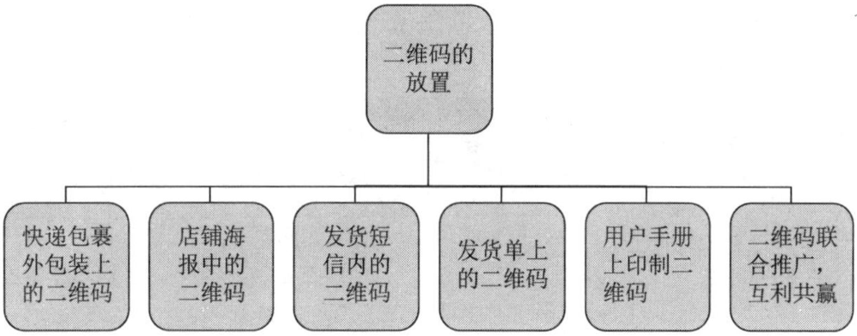

图 2-9　二维码的放置

1. 快递包裹外包装上的二维码

买家收到包裹时，第一时间看到的便是包裹的外包装。很多人拿出智能手机对着二维码图标“扫一扫”，已经成为一种习惯。对于微信小店来说，产品的外包装理所当然地就成为了放置二维码的首选目标。

图 2-10　产品外包装上的二维码

店主在制作商品的外包装箱时，可以在外包装箱上印制一个醒目的二维码，以此增加微信小店的粉丝数量。

2. 店铺海报中的二维码

海报是微信小店自我宣传的常用手段，在海报上印上二维码，买家通过手机扫描，可以直接通往微信小店。

各位店主可以设置一些“扫码抽奖”“扫码有礼”等活动或者小游戏来吸引粉丝的关注，让粉丝关注店铺后即可参与活动。当然了，得到粉丝的关注后，店主还要利用二维码海报好好维护买卖双方的关系。当店铺举行一些促销活动时，一定要在第一时间通知自己的粉丝。

图 2-11　“店铺活动”海报上设置二维码吸引买家关注

3. 发货短信内的二维码

图 2-12　短信内的二维码

随着网店生意日益火爆，尤其是在“光棍节”等节假日当中，少不了资深“剁手族”的蜂拥，同时也少不了新顾客的体验。在顾客收到包裹之前，店主需要为其提供发货短信。在给顾客发送发货信息时，不妨把自己的微信以及微信小店的关注页面以二维码图片的形式一同发过去。这种精准的定点推广，很可能把新顾客变成老顾客。

4．发货单上的二维码

在给顾客发货的发货单上，同样可以将个人微信平台以及微信小店的链接设计成二维码，将其印制到发货单上。不过，要想引起顾客的关注，有必要在二维码的设计上多花些心思。

收货人：[redacted]　会员名：[redacted]　手机：13057320826　电话：　打印编号：2013-06-04-0137
收货地址：[redacted]

序号	商品名称	数量	单价	实际金额
1	远港情侣亚麻拖鞋6139(拖鞋37/38(秒杀中 随时涨价);粉红色)	8	31.60	142.40
2	远港情侣亚麻拖鞋6139(拖鞋42/43(秒杀中 随时涨价);咖啡色)	3	31.60	53.40
	合计：总数量:11 其它优惠:10.00(店铺优惠券) 邮费:0.00(快递) 实收款:185.80			

卖家备注：
买家留言：

求分享~求推荐。举手之劳，优惠等你拿。
活动细则：
即日起凡在本店购买远港居家鞋的MM们，分享宝贝到微博/美丽说/蘑菇街，并写30字以上正面评价，可凭截图即可获得3元支付宝红包。若宝贝被推荐到美丽说或蘑菇街首页，可凭截图再获……木有！)

亲，用手机扫描二维码，可以收藏我们的店铺，方便以后访问……！

图 2-13　发货单上的二维码

各位可以用一些颇有趣味性的语言点出利益需求，或者在扫码关注微信或微信小店后可以尊享会员特权，这种方式往往能够获得不错的反馈率。据不完全统计，如果店主能够好好运用这种二维码推广应用，新顾客成为老顾客的转化率将会高达30%。

5．用户手册上印制二维码

和上面提到的海报、发货单一样，说明书、商品吊牌以及用户手册等一些商品包装里的“附属物件”，同样可以添加二维码，进行微信小店推广，吸引粉丝进行关注。

图 2-14　用户手册中的二维码

当然，有时候产品及其说明书并非店主自行设计，二维码可能需要后续添加，但这是一件很容易操作的事情。

6. 二维码联合推广，互利共赢

一个人的能力毕竟有限，和其他店铺联合进行推广，能够收获更好的推广效果。店主在找商家合作时，最好找与自己实力相当，并且和自己经营产品类型有差异的店铺，保证合作店铺在无利益冲突的情况下愉快合作。

进行联合推广时，店主可以与合作店铺共同商量推广方法。比如，可以将合作店铺所有的爆款单品和店铺的二维码共同列在一张小卡片上，然后将这张包括多种产品类型的卡片粘贴在新老顾客的包裹上，方便粉丝关注并推广微信小店。这种二维码推广形式，能够实现合作店铺互利共赢的目的。

图 2-15　化妆品店、护肤品店的二维码联合推广

如今，餐馆菜单、各大商场宣传海报、众多商品包装上，随处可见二维码的身影，只要能放的位置，商家都会想方设法将二维码放入其中。随着二维码的盛行，“扫一扫”正逐渐成为广大消费群体最时髦的一种消费行为。

随着二维码推广的火爆，二维码将会很快成为电商领域的主流营销手段，如果你还在迟疑，那么必将落后于其他店铺。各位店主赶紧抓住二维码这个打通线上线下的营销利器，快速赢得更多粉丝的关注吧！

优化页面设置，做一家有特色的微店

微店平台层出不穷，创业店主不可胜数，微信小店用户更是不可小觑。在海量的微信小店中，不同类型的小店销售着不同的产品，销售同一类型产品的店铺也不计其数。对于销售同类型产品的微信小店来说，如果页面设置千篇一律，就无法引导顾客作出自己的选择，最后很可能是顾客随便找一家店铺购买，或者干脆转身离开，去寻找其他有特色并能够吸引自己的店铺进行消费。

各位需要注意，这里提到了“特色”这两个字。没错，对于微信小店来说，特色是非常重要的。一个具有特色的微信小店，就是一个魅力小店，这样的小店是与众不同的，也能够吸引较多的顾客前来进行交易。

其实不仅是虚拟店铺，放眼整个商业世界，那些声名鹊起者，哪一个不是独具特色的品牌呢？比如，韩寒开设的意在打造餐饮“文艺”品牌的“很高兴见到你”餐厅，为米粉而生的小米手机，以及充满童年味道的售卖儿童绘本的“哈爸”微店，等等。

作为广大买家接触店铺的第一链接对象，店铺首页是留住顾客目光的关键所在。至于能不能真正留住顾客，就要看店铺的页面设置是否能够将店铺的特色完美地展现出来了。

有些店铺的页面设置不够“成熟”，没有将那些能够让顾客产生购买意愿的“点”安排到位，最终失去了一大批顾客。有些店铺的页面经过优化之后，页面内容大部分保持不变，只是对页面设置进行了相应的调整，便将店铺的特色完美地展示了出来，赢得了更多的订单。

优化店铺页面设置的主要工作是取其精华，去其糟粕。那么店铺应该如何优化页面设置呢？需要掌握哪些技巧呢？下面就来看一下店铺页面设置的优化技巧。

1. 结合顾客浏览习惯进行功能布局

微信小店要想别具特色，进而吸引广大买家的眼球，首先要能够让人们看着感觉舒服。观感不好，店铺页面再有特色也无济于事。

下面首先来介绍一下顾客对店铺的体验习惯。

图 2-16 “好药师”微信小店主页面左上方的头像与店招

（1）第一聚焦：页面左上角。

顾客浏览店铺的第一目标位置，普遍是页面的左上角，因为这里是店铺的主要操作中心。一般情况下，很多店铺都会将店铺的头像设置在这个位置，最上方则是微信小店的背景店招（店铺招牌）。

（2）浏览顺序：由上及下，从左至右。

顾客普遍的浏览方式呈现出由上及下、从左至右的“F”形状，店铺要保证自己的重要元素（一般情况下，店招下方是店铺的主打产品）集中于这些关键区域，以确保广大顾客的读取率。

另外，各位还可以像哈爸的微店那样，在页面下方添加一些功能模块，如店铺首页、商品分类、购物车和我的账户。

图 2-17 “哈爸”店铺页面下方的功能模块

2. 体现店铺独特风格

微信小店的页面必须要有自己的独特风格，具备统一整齐的规划和明确的色彩视觉表现，才能使得进店的顾客在第一时间就知道微信小店的商品定位和销售对象，从而选择离开或者继续深入了解。

即便顾客暂时对该品类的产品没有购买需求，如果店铺风格足够鲜明并且给其留下了足够深刻的印象，当他产生相应需求时，第一时间也会想起你的店铺，从而形成购买。

店铺产品无需多谈，这里我们来讲一下页面设置的细节问题，这些细节问题是组成店铺风格的关键要素。

（1）图片大小。

在整个微信小店的页面上，所有图片（主要为商品图片）千万不要大小一致，这样看上去很呆板，不够活泼。最好是有两到三个大图，大小有别，形成主次之分。另外，越大的图像越能吸引更多的注意力，当然，前提是要保证使用清晰度高并能够轻松读取信息的图像。

（2）色彩搭配。

在页面同一行两个或者三个产品一字陈列的时候，尽可能将同类色调

图 2-18 “好药师”微信小店首页

的产品放一起。可以按暖色调和冷色调分别设置，这样有助于色调统一和谐。同时还需要注意避免同一颜色逐个排列，尽可能做到错落有致。

优化店铺页面设置的原则就是简约为王，使页面看上去美观大方，便于顾客浏览商品，同时体现出店铺的特色。如此进行页面优化，才能打造一个与众不同的微信小店。

同时，要保证微信小店的页面轮廓清晰，主次分明，将买家最需要了解的产品信息展现出来。

在这里，向各位推荐一下“好药师”的微信小店平台，其页面设置非常不错，很有参考价值。

总之，各位店主务必要在有限的页面中，将图片、文字，包括背景颜色、字体、标题、折扣信息等贯穿全店，统一风格，打造拥有自身特色的微信小店。

造势，开店就要让别人知道

营销，可以说是经营微信小店的核心工作。通过营销，店铺将会获得粉丝关注，进而使得他们转化为店铺的消费顾客，甚至是忠实顾客。

在微信小店的日常经营中，营销工作需要不间断地进行下去。在店铺开通之时，各位店主需要提前进行微信小店的营销推广。世界上每一个知名品牌之所以拥有无数粉丝的支持，正是因为在品牌创立初期，相关企业便做了充分的营销推广工作，让足够多的人知道产品的存在，具有了一定的知名度。当其影响力扩大到一定程度时，就变成了一个被人们青睐的品牌。

开微店的终极目的是将产品销售出去，并尽可能地销售给足够多的消费者。将产品销售出去的前提是让顾客知晓、了解并接受店铺的产品，尤其是要让人们知道你的店铺的存在。没有人知道店铺的存在，又何谈进店消费呢？

开通微信小店之前的一项重要工作，便是让足够多的人知道你的微信小店，如此才能在微信小店正式经营时获得足够多的顾客。微信小店开通前的营销工作可以称为为店铺造势。

造势无非就是通过某种渠道进行宣传推广，使得店铺被更多的人所知晓。微信小店都可以通过哪些宣传途径来为自己造势呢？

作为移动互联网的产物，微信小店的前期宣传渠道其实和日后经营中的营销推广一样，社交平台是普遍应用的渠道和工具。除了社交平台这种线上推广方式，还有活动推广等途径。

下面就来看一下微信小店如何通过这些方式进行前期造势。

1. 社交平台

目前中国拥有着全世界最多、最活跃的社交媒体。包括微信、微博等在内的社交媒体，蕴藏着强大的消费影响力，小米智能手机便是利用社交媒体进行营销并最终成功打造成知名品牌的。微信小店同样可以借助社交媒体成功宣传自己的产品，为自身尽力造势。

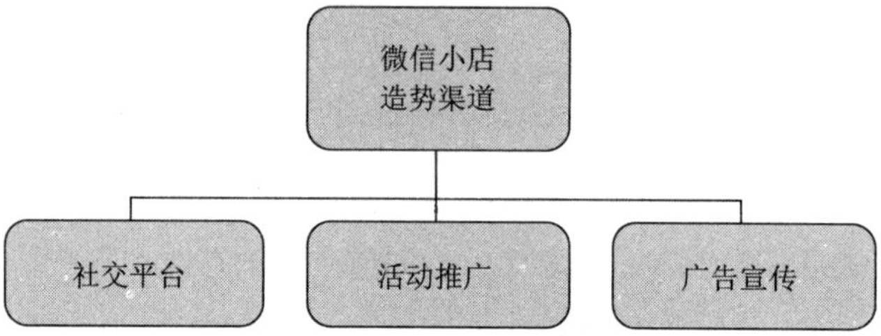

图 2-19 微信小店造势渠道

具有强大营销力的社交平台包括自媒体和传统社交网站，主要包括以下几种。

（1）微信。

在众多社交平台中，微信是用户基础和粉丝质量有双重保障的平台，很多人都乐于通过微信公众号来搜索他们想要阅读的内容。另外，微信具有良好的互动交流机制，能够帮助店主便捷地将微信小店介绍给广大粉丝。

除了微信公众号，微信的朋友圈、个人微信、微信交流群等途径，也都有着一定的宣传优势功能。学会综合运用这些微信营销途径，相信会有更多的粉丝知晓你的微信小店，甚至让他们转化成为你的潜在顾客。

（2）腾讯 QQ。

腾讯 QQ 可以说是最为“古老”的社交平台了，几乎每个上网的人都有自己的 QQ 号，甚至同时拥有几个 QQ 号。QQ 是最早的网络宣传工具，它无处不在，如果店主能够有效利用，微信小店的前期造势工作将会事半功倍。

各位店主可以建立自己的微信小店 QQ 交流群，在瞄准目标客户群的基础上，尽可能让更多人成为你的 QQ 群成员，然后进行店铺推广。当然，推广的方式不要过于机械化，最佳状态是像聊天一样进行互动。

各位店主还可以将微信小店的相关图片或者二维码链接图片上传到QQ空间以及QQ相册，以此吸引网友的关注，促使他们点击图片进行观看和了解。

（3）微博。

微博具有很大的用户基数。每当有公众事件或者热点话题出现时，微博上便会掀起讨论狂潮。如果恰当运用微博进行造势，能够为微信小店带来不错的宣传效果。各位店主可以通过文章、视频、音频等形式，对微信小店进行前期宣传。

微博宣传的技巧在于，各位可以充分借助网络事件或者热点话题的影响力宣传店铺。如以微信小店店名的微博账号转发一些微博大V（即拥有众多粉丝并在某一领域具有权威的微博账号）的微博内容或段子，或者在他们的微博以及话题讨论过程中发表自己的观点，在互动的过程中委婉地介绍自己的微信小店，一般能够收到不错的传播效果。

比如，某一段时间内，人们都在微博上谈论女士香包的话题。这时候，卖香包的店铺便可以和这个群体进行互动，谈论自己对香包的看法，最后成功推荐自己的香包和店铺。

（4）博客、论坛、贴吧等传统社交网站。

除了常用的自媒体社交平台，各位店主还可以利用传统的社交网站进行店铺宣传，如博客、论坛、贴吧等。这里是同一爱好者的交流集中营，拥有着广泛的用户基础，各位可以将微信小店的宣传文章发表到这些社交网站上（最好是一些和微店相关的交流网站）。凭借这些社交网站的巨大影响力，大多都能够为微信小店带来不错的人气。

2. 活动推广

除了社交平台这种线上营销方式，各位店主还可以进行线下推广，为微信小店的正式开通进行造势，这便是常见的活动营销了。

每逢节假日，很多店家便会进行各种各样的促销活动，以此吸引更多的顾客。这种活动推广，同样可以借鉴到店铺的前期宣传工作中。

各位店主可以像即将开业的实体店那样，在一些人流较为密集的区域发放宣传海报，逐渐累积店铺的知名度。同时还可以增设一些真人玩偶来吸引行人的目光，在为店铺进行造势的同时，也为活动助兴。

3. 广告宣传

传统的广告宣传依然具有不可小觑的力量。传统的广告宣传之所以仍然拥有巨大的宣传效果，自然有其自身无可替代的宣传点和宣传优势。

传统广告宣传的主要特点体现在地理位置上。当人们等待公交车或地铁时，会驻足观看广告牌或者电子显示屏上的广告；当人们坐车从高速公路上驶过时，会不由自主地向外观看，很容易看到高速公司两边高大的广告宣传牌……

有实力的店主可以找一些广告商，做一些相关的店铺宣传广告，相信会有更多的人知道你的店铺。当然，活动推广和广告宣传这两种店铺造势方式需要花费一定的资金，综合来说，比较适合有一定经济实力的店主。

总之，要想别人知道你的微信小店，就要做好前期造势工作。要想足够多的人知道你的微信小店，就需要通过多种渠道为店铺进行造势。各位店主可以结合上面提到的多种宣传渠道为店铺造势，一定会给微信小店带来超预期的推广效果。

第三章

基础功能升级：你凭什么做得比别人好

基础功能是微信小店必不可少的应用工具。各位店主要想让自己的微信小店从众多的店铺中脱颖而出，就要充分挖掘基础功能的潜在价值，使得这些基础功能实现突破和升级，以便让自己的店铺更加吸引人，更具有内在魅力。

商品管理：如何让你的商品更“动人”

无论是实体店还是虚拟网店，商品都是商业运营的基础，因此商品管理也就成为一项关键的基础工作。所谓商品管理，就是指店主根据具体情况制定一系列商品计划，对微信小店的商品进行管理和经营。

商品管理工作包括订购商品（进货、补货、退货）、陈列商品、销售商品、及时对消费者的信息予以反馈以及库存管理等内容。其实，商品管理的整个流程，就是一个完整的商品买卖循环过程。如果店主能够对商品有效加以管理，不但能够充分满足广大消费者的需求，最大化地将商品销售出去，同时还能控制微信小店的经营成本，提高经营效益。

在商品管理工作中，最关键的一环是如何让你的商品更加“动人”，能够吸引到大量的眼球。对买家有吸引，才会产生后续的交易行为。那么如何对微信小店进行商品管理，才能让商品更加动人呢？归根结底就是你的店铺是否能够做到让买家停留下来，花更多的时间浏览店铺的商品，这也就是商品管理工作中的商品陈列问题。

很多新手想当然地认为放在店铺首页上的商品越多越好。之所以有这样的想法，一来可能因为他们代理了多个品牌，亦或店主持有的品牌在货品组合方面没有太多的风格感和系列感；二来想尽可能多地把各种各样的货品展示出来，以满足不同顾客的不同需求。

买家进入这些店铺后，产生的第一感觉往往像是来到了一个杂货店——虽然商品很多，但无法在第一时间判断出该店是否能够满足自己的需求。于是很多买家粗略扫了一眼店铺页面后，就关闭了页面。

相关数据证实，一个新买家点击进入微信小店后，在前三屏（前三级页面）的点击概率相当高，越往后点击率越低，因此前三屏属于微信小店的黄金页面。作为页面的主要占用者，商品是吸引顾客目光的主要力量，各位店主务必要将自己的主打商品放到前三屏进行推销。

在这方面，“美丽说”微信小店平台做得非常不错，通过简约的商品展示风格，这家微店吸引了大量的眼球，同时取得了傲人的销售成绩。

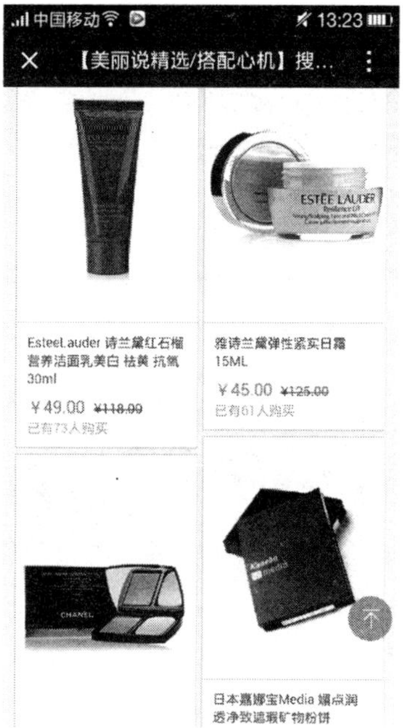

图 3-1 “美丽说”美妆页面商品展示

对于微信小店的商品陈列，有以下几个原则需要注意。

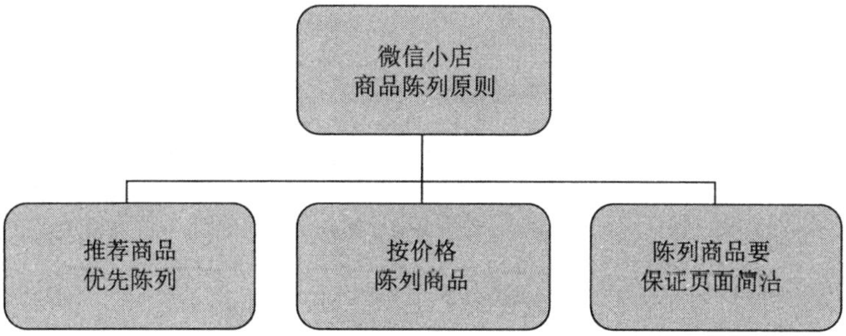

图 3-2 微信小店商品陈列原则

图 3-3　水果店铺推荐商品陈列

1. 推荐商品优先陈列

做商品陈列，应当优先陈列那些有销售优势的热卖商品，将其放到最上面。如果你的商品少，可以一排陈列 2 ~ 3 个商品；如果商品多，则可以一排陈列 3 ~ 4 个。不要想着尽可能多地堆放，这样很不美观。一般情况下，推荐商品以热销、低价商品为主，这是吸引顾客的最大亮点。

另外，商品还要以单品陈列为主，不要设置多级跳转。店铺所有的推荐商品要精益求精，最好能够在一个页面完全展示出来，否则就需要分页。分页容易导致主次不明，也就无法凸显推荐商品的地位了。

2. 按价格陈列商品

陈列到每一行各个位置上的商品，其价格也是有讲究的。根据买家的商品浏览习惯，往往是相邻两个商品的价格容易被拿来相互比较。如果各位店主能够将中、低、高价的商品在同一行排列和分布，会让中等价位的商品成交量增加，同时能够帮助那些对价格敏感度特别高或者特别低的买家群体在这种商品陈列中迅速找到自己的需求商品。如此陈列商品不仅耐看，而且对于买家挑选和购买商品来说还很有实用性。更重要的是，通过商品的相邻比较，也更容易促使买家形成购买。

3. 陈列商品要保证页面简洁

简单的即是最美的。商品陈列的模块越简单越好，这是商品设置的关键所在。很多新手店主最初会把店铺页面的每寸空间都填满，以充分利用微信小店的空间和资源，无限挖掘店铺的营销价值。虽然这个想法十分诱人，事实上，让店铺页面留出部分空白效果更好。因为页面的过量信息会把用户淹没，同时也容易使他们忘记店铺提供的主要商品。

保持商品管理页面的简洁，给买家预留出一些视觉空间供读者“休息”很有必要，如此才能让买家最快找到自己的需求商品，或者是店主推荐的商品。

此外，各位店主还需要在商品分类工作中细心一些，让商品分类更加精细。有些商品可能同属于两种类别，如营销类图书既可放到“经管类”，也可放到“营销类”，这时候就要看放到哪个类别里能够让图书看上去更舒服、更吸引人了。

当然，商品管理工作本身是一个细活，而且需要一直不断地及时更新。断货商品要及时下架，新商品要大力推广。各位店主要根据自己不同的销售目的、销售时间和客户群而不断地进行调整和管理。归根结底，商品管理工作的核心就是要把最好的商品用最适合的方式展现给最优质的客户。

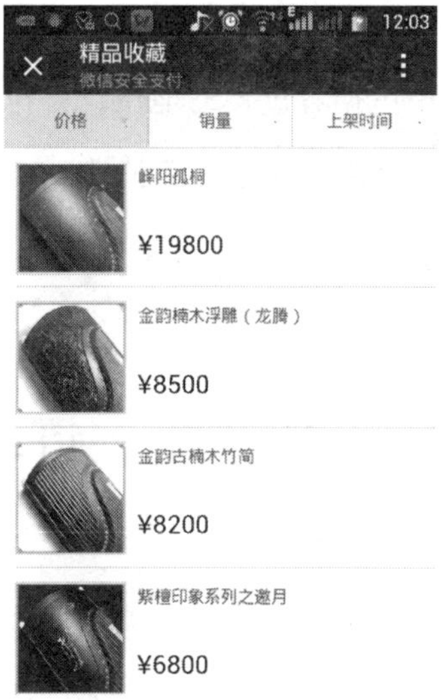

图 3-4　古筝价格由高到低排列

图 3-5　同属“营销类”的图书放到“管理类”中更合适

总之，作为微店的主要功能，商品管理在微信小店的日常经营和收益中占据着重要的地位，各位店主务必要将商品整理得漂漂亮亮的，以此吸引更多的买家来店消费。

订单管理：订单管理背后隐藏的商机

在各位店主对微信小店商品的精心管理和大力推广下，订单只是时间问题。很多经营微信小店的人都知道，订单管理对店铺的业绩和口碑有举足轻重的作用。在实际交易或者日常管理工作中，如果经常因为订单没有得到及时处理而出现问题，往往会导致微信小店蒙受利益和名誉的双重损失。

其实，订单背后隐藏着珍贵的商机，这需要各位店主具备一定的统筹分析能力。在店铺经营过程中，除了简单的订单处理工作，还需要对相关订单和数据进行分析，以发掘潜在的商机。

微信小店的订单共分为“待发货”、“已发货”、“维权中”、“维权完成”四大类型。严格来说，也就是分为两种形式，即发货环节的订单和维权类型的订单。在这些订单中，都或多或少地隐藏着一些商机，下面我们就来看一下（见图 3–6）。

1. 待发货订单

待发货订单是需要各位店主第一时间进行处理的订单。这时候顾客已经成功付款，正等待店主发货。如果买家等待的时间过长，往往会引发不

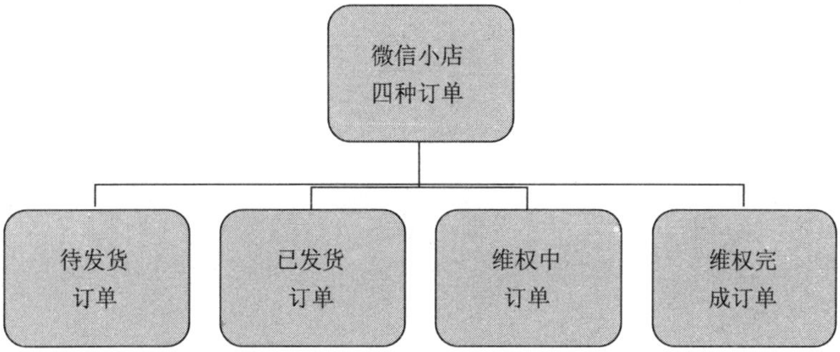

图 3-6　微信小店四种订单

满情绪，极容易造成较差的购买体验，导致店铺失去忠实客户。

各位店主务必及时处理待发货订单，这只需要店主轻轻点击“发货”按钮即可。待发货订单的价值比较直观——简单的点击便能换来买家对发货速度的夸赞和后续购买，何乐而不为？

2. 已发货订单

或许很多店主认为，已发货订单就是已经完成发货的订单，基本上就没什么价值了吧。表面看来，已发货订单确实不用过多理会，其实其中还隐藏着一些很难被店主发现的商机。

在微信小店“订单类型”版块的上方，设置有“下单时间”功能。该功能以“最近 7 日”“最近 15 日”和“最近 30 日”三个时间段供店主查询相关订单，如果各位店主能够分别以三个时间段查阅发货订单并进行统计数据分析，很容易发现各时间段内哪种商品最畅销，以及畅销商品对应的买家类型。根据这些情况进行有针对性地推荐，甚至在相应的目标人群中进行营销推广，会大大提高销售率。

比如，对于某护肤产品来说，之前是按性别定位，专门卖给年轻的女性朋友。对订单中的数据进行分析发现，购买该产品的 IT 人士居多，

图 3-7　订单管理中的“下单时间”

这时候店主就可以在一些和 IT 相关的 QQ 群和微信群中进行重点推广。

3. 维权中订单

处理维权中订单和处理待发货订单同等重要，甚至有过之而无不及。维权订单是买家维护自身合法权益的订单，事关买家的切身利益。更重要的是，同时还事关微信小店的整体信誉。及时处理维权中订单，能够挽回店铺的信誉，进而挽回可能流失的买家和交易，值得各位店主高度重视。

4. 维权完成订单

维权完成订单代表买家投讨的问题得到了有效解决，买家的忠诚度有可能被重新挽回。这时候需要各位店主及时对买家进行后续维护，这是对各位店主综合能力的验证。

维权完成订单的相应买家得到有效维护后，店主可以将这些订单通过各种社交渠道（如微博、微信等）进行宣传推广，增强店铺的影响力和知名度，为店铺带来更多的订单。

此外，在“下单时间”功能版块的上面，还有一个“搜索”功能。各位店主可以输入“订单编号”“买家昵称”和“商品名称”，进行有目标的搜索和查询。根据搜索和查询结果，店主可以对相应的数据进行分析，然后根据销售情况进行有针对性的营销推广，这样能够赢得高质量的订单。

比如，输入买家昵称，可以查看某买家在某一时间段内的购买情况。如果这位买家定期购买某日用品，当有相关的新品到货时，店主就可以向其推荐了。

总之，微信小店的订单管理可以帮助店主及时跟进订单的最新状况，随时掌控物流信息，并及时反馈给消费者。除此之外，订单背后还隐藏着一些商机，这需要各位店主通过对相关数据进行查看和分析，才能将商机变为真实的交易数字，进而争取更多的“回头客”。

销售管理：通过销售数据调整微店销售策略

数据是客观存在的。对于任何行业来说，只要有行为发生，就会有量的变化，或者是正变化，或者是负变化，或者是零变化。这个关于量的变化的记录便是数据。

商业活动会产生许多数据，对这些数据进行储存、整理和分析，就能够将其加工成具有一定价值的信息，用于管理决策或者是指导商业活动。如今，在互联网世界掀起惊天浪潮的“大数据”应用，便是这一商业行为的最好反映。毫不夸张地说，人类已经进入了大数据时代。

对于微信小店来说，数据同样具有重要的作用。对于微店来讲，有了订单便有了销售，于是就涉及到微信小店的销售管理工作。和传统店铺不同，微信小店的销售管理，实质上是一个全程跟进销售信息的过程。当店主跟进销售信息后，通过对一些销售数据进行分析，便可以发现店铺的销售策略存在哪些问题。有了销售数据分析，能够促使店主及时对销售策略进行调整，始终保持微信小店的盈利。

为了时刻把控微信小店经营发展的正确方向，店主有必要在销售管理工作中，对关键的销售数据进行统计和分析，据此调整销售策略。那么店主从微信小店的哪些销售数据中能够得到有价值的反馈信息呢？

微信小店的销售管理包括订单数、成交商品数、成交额、商品浏览量，这些数据或多或少地存在有价值的潜在信息。下面就来为大家分析一下。

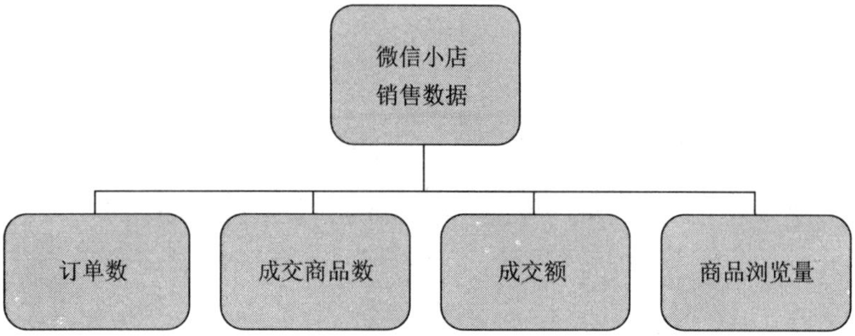

图 3-8　微信小店销售数据

1. 订单数

订单数是反映微信小店当天盈利状况的最佳指标。我们经常会听到“某某公司当日突破多少多少订单”，几乎在所有的商业行为中，都会以订单数量来评估企业当天的收益。对于微信小店来说，通过对每天的订单数进行观察，可以找出导致每日订单数量差异的原因，通过对原因进行分析，就可以进行相应的策略调整。

比如，一般在节假日的时候，微信小店的订单可能会相应地多一些。如果某个节假日发现订单数量未见好转，就说明店铺销售环节出现了问题，或者是有大量同款产品的低价店铺出现，或者是有同类产品的新款推出，店铺未能及时更新产品或价格。出现这种情况的时候，店主就需要对店铺产品的价格和款式进行调整了。

2. 成交商品数

成交商品数是最能反映店铺商品销售状况的一项数据，通过该数据，店主可以知道自己每天卖出了多少件商品。通过对成交商品数进一步分析，能够找出畅销商品和滞销商品，分析畅销原因和滞销原因。更细心一些的店主，还可以对货品库存、周转时间、畅销时间、竞争对手等因素进行分析。

举个例子，当一种商品是季节性用品时，就会出现畅销期和滞销期。这时候，店主就需要根据季节变化对上架商品及时进行调整，用其他商品替换过季商品。当发现原本畅销但非换季阶段的成交数量出现明显回落时，店主就应当选择恰当的时机对其进行降价促销或者捆绑销售。

3. 成交额

成交额是体现店铺销售状况最为明显、最为直观的一项指标。作为最真实的客观数字，通过成交额，店主能够快速了解店铺当天或者某个时间段的收益情况。不过，和前面提到的订单数、成交商品数一样，各位店主还需要对成交额进行分析，同时找出成交额波动变化的原因，然后作出相应的调整。

比如，当发现某个时间段店铺的成交额明显下降时，就有必要通过各种渠道对微信小店进行营销推广了。此时，店主可以上架一些新款商品进行营销，以重新获得广大买家对店铺的关注。

4. 商品浏览量

商品浏览量能够反映出哪种类型的商品受到广大买家的高度关注。商品浏览量高，说明该商品受到的关注度较高，或者商品具有很大吸引力，是广大买家的主要需求商品。根据这一信息，店主可以通过社交渠道进行有针对性的营销，向目标客户群力推该商品。

当商品浏览量很低时，说明买家对该商品或者该类商品的需求较低，这时候店主可以调换上架的商品。

其实，销售数据的最佳应用方式，是通过对所有数据进行综合分析和评估，制定出最佳的销售策略。各位店主要善于对上面提到的各种销售数据进行综合分析，然后对店铺的销售策略进行调整。

销售管理，可以说是销售的基础性工作。通过对销售数据进行理性分析，能够大大促进店铺的交易量。由此可见，完善的销售管理功能在店铺经营中起到了非常重要的作用，微信小店平台在这方面具有突出的优势。

对于微信小店销售环节的策略调整，“印美图”（自主图片打印服务平台）一直都做得很不错。

该店铺起初执行线上线下同时出售的产品销售战略，有的商品价格甚至高达7千多元。虽然售价不低，但是由于该平台提供终身免费服务，因此在开始的一段时间内颇受人们的喜爱。

图 3-9 “印美图”硬件终端

之后，其销售额开始出现下滑。面对这种情况，印美图及时调整销售策略，将营销重心全部放在了微信朋友圈中，主攻线上销售。再后来，同行业竞争店铺越来越多，订单数量失去提升空间，“印美图”不得不再次大刀阔斧地改革自己的经营方针和销售策略。虽然同业竞争非常激烈，但印美图通过不断调整经营方针和销售策略，与宝马、海底捞等知名企业以及高端消费品牌合作，仍然取得了令人瞩目的成绩。

综上所述，为了能够对店铺销售情况以及销售策略的调整有一个明晰的概念和思路，在销售管理工作中，各位店主要对每日或每月的成交订单、访客数量以及成交金额等销售数据进行详细了解，对相关销售数据进行深层分析，以了解潜在的机会或威胁。对于机会，要适时进行策略性把握；对于威胁，要做好应对的策略或化解措施。总之，要从数据中了解店铺的优势和劣势，进而掌握店铺的销售趋势和发展方向。

促销管理：怎么做促销最能打动人

日常生活中，尤其是在节假日期间，我们去商超购物时，经常看到商家在举办一些大型的促销活动，或者是打折促销，或者是抽奖促销，总之，现场的热闹气氛能够让人气迅速聚集起来。由于促销活动能够吸引更多的顾客前来光顾店铺，进而产生更多的订单，所以才会成为众多商家百试不爽的吸金方式。

与实体店一样，微信小店同样可以举办促销活动，这就涉及到了店铺的促销管理工作。在微信小店的促销活动中，“米兰贝贝”儿童摄影微店举办的一些促销活动值得借鉴。这家店铺会在孩子次年生日、儿童节等具有标志性的时刻，送上他们最真诚的祝福。不仅如此，店铺只要有促销活动，都会提前告知老顾客，吸引老顾客关注和参与。

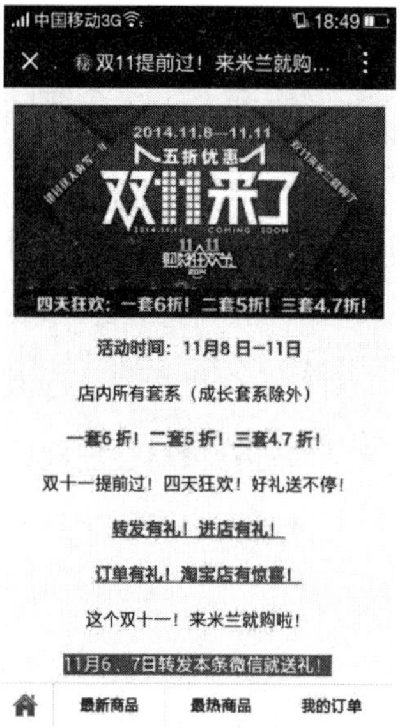

图 3-10 “米兰贝贝”的“双 11”促销活动

做促销的关键在于打动顾客，进而产生购买行为。借助促销活动，不仅可以让店铺的商品能卖出去，而且还会卖得很好。既然促销活动能够为店铺带来大量人气和订单，因此举行促销活动已经成为商家的一项非常必要的营销内容。那么对于微信小店来讲，如何促销才能打动顾客，进而增加店铺的点击率呢？

众所周知，店铺的促销方式包括打折促销、赠品促销、积分促销、抽奖促销、联合促销、节日促销等，这些方式我们早已司空见惯。对于微信小店来说，无论哪种促销方式，都需要在里面添加一些技巧。

我们总结了微信小店做促销的八大促销技巧。

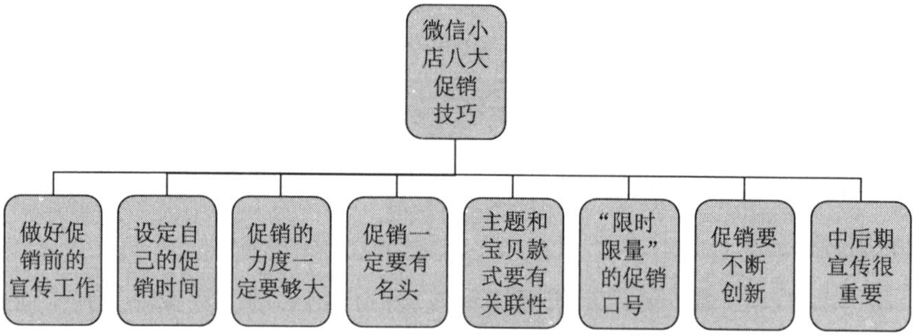

图 3-11 微信小店八大促销技巧

1. 做好促销前的宣传工作

有时候，“酒香也怕巷子深”。如果买家对促销活动不知情，活动再好也只能“胎死腹中”。微信小店做促销，首先就要做好促销前的宣传工作。

店主可以通过微博、微信等各种社交媒体，提前发布促销活动的相关信息，在广大买家群体中形成广泛的影响力，为促销活动的正式举办做好铺垫。

2. 设定自己的促销时间

如今店铺的数量数不胜数，促销活动更是令人眼花缭乱。如果大家都集中在一个时间做促销活动，店铺很难分得可观的流量。微信小店在做促销时，除了常见的节假日促销，最好单独设定自己的促销时间。这种做的优点是，店铺自己的促销活动能够显示出店铺独特的风格，吸引到更多买家。

3. 促销力度一定要够大

不痛不痒的折扣，很难刺激到消费者的眼球。只有那些大力促销的活动，才能对广大买家产生足够的“杀伤力”。比如一些品牌商品推出5折优惠后，往往能够获得超预期的交易量。一般店铺很难达到这种促销效果，不过微信小店可以准备1～2款低价商品来引流。比如，在夏季的促销活动中，店铺用9.9元的棉质连衣裙带动其他单品的销量，就能收到良好的促销效果，这是促销力度大的最好体现。

促销的关键是要让买家感觉占了便宜。有时候店铺已经在亏本卖商品了，可是买家还会觉得你有赚头。这时候，店主可以通过公开单品成本价、满多少元有赠品等方式，让买家觉得自己赚到了。

此外，微信小店还可以通过推出会员制，并以发行优惠卡的方式为促销注入动力：当买家购物达到一定数量时，给予其一定的返利，如累计购满 100 元返利 20 元，购满 200 元则返利 50 元，最后以实物或购物券的形式兑现给买家，能够吸引不少买家进店消费，并能有效培养买家的忠诚度。不过，这种促销方式的关键是要讲信誉，对买家做出的承诺一定要兑现。

4. 促销一定要有名头

如果店铺没有为促销活动冠上一个名头，那么广大买家很难相信店主是真心诚意地促销，甚至是亏本促销。对于微信小店来讲，比较常用的就是店庆、月销量突破多少件等，店主可以利用这些名头在促销文案中下功夫，同时打出促销的口号。

5. 主题和宝贝款式要有关联性

促销主题要与宝贝款式有关联。比如，在《泰坦尼克号》3D 版上映之前，有些销售服装的微信小店便做过一次相关的主题活动。他们将上架的新款分别设置 4 个区，每个区都设有不同风格的连衣裙，比如高贵公主款、宴会款等。另外还结合电影中露丝和杰克相见的四个场景，搭配相似的款式，并以文字加以引导，不但让广大女性买家重温了经典浪漫的爱情电影，而且还找到了一些共鸣，店铺的成交量也随之暴增。

6. “限时限量”的促销口号

渲染“限时限量”这种促销口号，能够给买家带来一种急促的感觉：如果不赶紧下手，宝贝很快就被抢完了，或者是马上就要涨价了。在这种急促感的催发下，买家很容易下单。

7. 促销要不断创新

时代一直在变，很多店铺的促销形式却一成不变。面对网络上漫天的促销信息，很多买家对“老面孔”早已不再“感冒”。微信小店的促销方式一定要以“新”取胜，只有“新”才有活力，只有“新”才能吸引更多买家的眼球，进而打动他们的购买之心。对此，店铺需要结合产品的性质、特点以及买家的购物习惯等因素，选择最为合适的方式，推陈出新，并确定合理的促销期限。

8. 中后期宣传很重要

在促销过程中，店主不要忽视中后期的宣传。这样做一方面可以让广大买家感到店铺兑现行为的可信性，同时能够引起更多买家的注意，激起他们的购买欲望。另一方面，中后期宣传更能提升微信小店的良好形象，打造良好的店铺口碑，以此换来更多买家的光顾。

此外，在促销过程中，小店店主还要注意一些问题：促销折扣一定要属实，千万不能有欺骗行为，不要在提高价格之后进行打折促销；促销的有效时间一定要填写清楚，并且在有效时间内切实履行折扣行为；促销过程中一定要杜绝虚假，否则损害了商店的信誉，只能是“搬起石头砸自己的脚”。

在如今的微店世界中，“无促销不成宴”已经成为了一项共识。对于微信小店来讲，无论是大店还是小店，通过促销活动来带动销量并积攒人气，是必不可少的一种营销方式。一次成功的促销活动，带来的效益是立竿见影的。

促销过程中，虽然商品价格打了一定的折扣，但总体上却增加了微店的盈利额度。更重要的是，促销活运还为微店带来了大量的客户和极高的人气。各位店主要赶紧通过各种社交平台，将优惠、促销活动信息及时地发送给广大买家，让更多的人参与到微信小店的促销活动中去。

收入管理：怎么得重要，怎么花更重要

微信小店所有的销售行为，最终的目的都是获取收入，因此收入管理是店铺管理工作的重要内容。对于微信小店来说，付款渠道包括微信支付、支付宝支付和银联支付，这些支付方式，各位店主可以自行选择。当然，大部分店铺的首选是微信支付。

对于微信小店的经营来讲，很多店主将自己大部分的精力都放在了如何赚取更多的利润上面。其实，当各位在收获喜人的回报后，更应该想想如何将这些赚到的钱花出去。当然，这里并不是说将钱用于吃喝玩乐等方面的消费上，而是将收入用于微信小店的经营上。

有店主或许心中产生疑惑：相对于传统的淘宝店铺来讲，不是说开设微店是零成本或者低成本吗，怎么现在又要投入了呢？其实，成本和投入是两个概念。经营产品无时无刻不在进行着投入，投入可以是从盈利中拿出来的部分资金。

各位店主要懂得，只有更多地投入，才会产生更多的收入。那么，在微信小店的日常经营中，店主该如何投入呢？或者说该投入到哪些方面呢？下面给大家提供几点建议，以供参考（见图 3-12）。

1. 投入资金维护产品

如果店主拥有自己的货源，这时候就需要从收入当中拿出一部分资金，

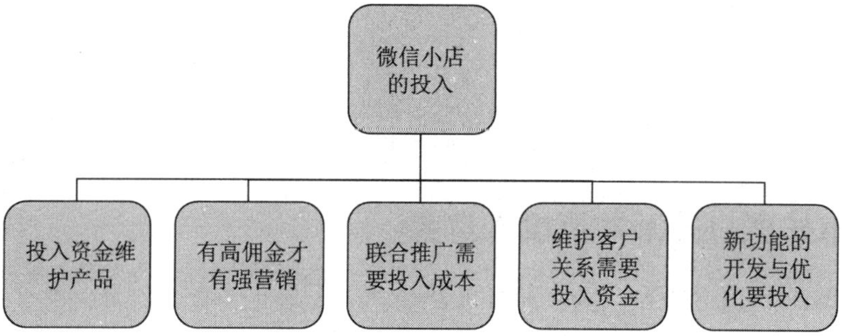

图 3-12　微信小店的投入

用于产品的日常维护。

产品有损坏，产品包装出现问题时，需要投入资金进行维护，这样才能保证买家永远都收到最优的产品，使买家保持对店铺的信任感。要知道，维护产品也就是在维护客户，店主的眼光要保持长远。

2. 有高佣金才有强营销

向自己的分销商支付一定的佣金，促使其帮助自己的店铺进行营销，这是很多店主常用的手段。一般情况下，很多店主都会将佣金比例设置在30%。可以想象，在相同佣金比例下，分销商所做的营销力度也会相差无几。

如果店主能够在佣金上多投入一些，哪怕是多出1%或者0.5%，也有可能迎来很大的变化：当其他店主看到你比别的店铺开出更高的佣金时，他们就会纷纷来做你的分销商，其营销效果必然会大有不同。

要记住，佣金比别人多多少并不重要，重要的是在于比较。

3. 联合推广需要投入成本

为了扩大微信小店的知名度，带来更多的人气，店主有必要加大店铺的营销力度。除了分销商在其朋友圈推广外，还可以与其他销售不同类型产品的店铺进行合作，通过联合推广对店铺和产品进行营销。

不同产品搭配宣传，能够带来强大而又独特的营销效果，也能够给店铺带来良好的回馈。当然，这需要店铺投入一些成本。

4. 维护客户关系需要投入资金

除了产品和营销之外，维护客户关系其实更加重要。产品和营销的服务对象是客户，客户维护好了，店铺的订单自然蜂拥而至。由此可以看出，投入一定的资金来维护客户关系，是经营店铺的关键所在。

这种投入涉及到赠送客户小礼物、折扣优惠等，是维护客户关系、增加销量的有效方式。

5. 新功能的开发与优化要投入

除了上面提到的这些投入，各位店主还可以将店铺的部分收益投入到微信平台的一些新功能的开发和优化当中，为店铺经营带来巨大便利和潜在效益。

比如，投入一些资金用于其他支付方式的开发。多一种支付方式，就会多一种消费群体。增加支付方式，不仅能够提高店铺交易环节的便捷性，同时也能使更多买家进店消费，无形中为店铺带来了一定的销量。

此外，还有很多细节问题需要店铺投入。对于必须拿钱处理的事情，店主应当果断出击。俗话说，“舍不得孩子套不着狼”。有舍才会有得，得后更要会舍。

总之，对于各位店主来讲，微信小店的收入管理就是一个收入与投入合理调配的工作，各位应当结合自己的实际情况做出决策。

客户管理：对接CRM，将客户管理做到极致

各行各业中都流行这样一句话，“客户就是上帝”，言下之意便是说商家要像对待上帝那样对待自己的客户。一切销售工作都是以客户为中心展开的，客户的重要性不言而喻。对于商家来说，客户是给自己送钱来了，有什么理由不服务好自己的客户呢？

同样，作为微信小店的终极服务对象，客户更需要得到各位店主的高度重视。在客户服务方面，微信小店“阳光印网”（印刷行业）做得堪称完美。为了更好地为顾客提供服务，“阳光印网”的每个产品都会有详细的图文说明，方便顾客对产品的特性、工艺等方面进行了解，从而找到自己的真实印刷需求。在“阳光印网”，顾客无需关心设计、选材等，只要将自己的需求告知“阳光印网”，他们就会为顾客提供一条龙服务。

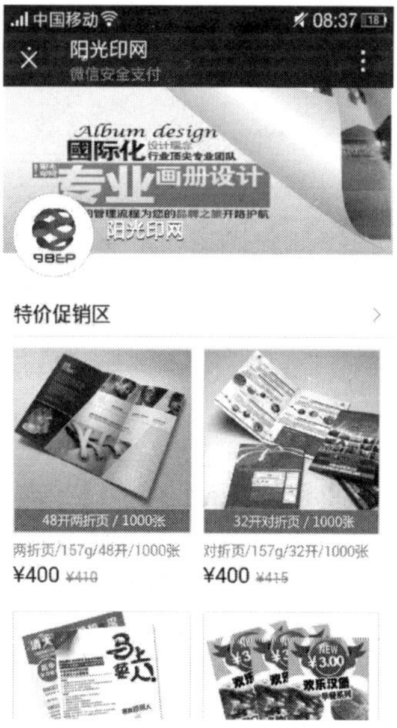

图3-13 “阳光印网”微信小店

很多店铺经常会在销售环节结束后冷落了客户，这样做是不利于店铺发展的。

在微信小店的日常经营与销售工作中，店主除了要尽心尽力地让客户获得良好的消费体验之外，也不能忽视售后的客户关系维护工作，这关系到客户是否能够成为店铺回头客并带来大量订单。这便是微信小店的客户管理工作。

为了能够长久维持顾客对店铺的信任度，各位店主必须下足功夫做好客户管理工作。各位店主可以通过对接 CRM 进行这项工作。

CRM 是英文 Customer Relationship Management 的缩写，即客户关系管理。CRM 是企业用来管理客户关系的工具，它是一个不断和客户保持交流、互动，不断了解顾客需求，并不断对产品及服务进行改进和提高，进而满足顾客需求的连续过程，同时也是一个不断将客户管理工作推向极致的过程。

微信小店该如何通过 CRM 进行客户管理工作呢？各位店主需要做到以下几点。

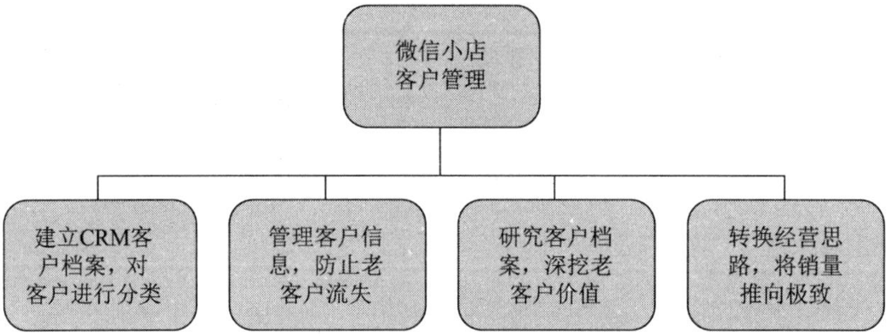

图 3-14　微信小店客户管理

1. 建立 CRM 客户档案，对客户进行分类

客户的消费数据对店铺的经营发展有巨大的参考价值。对于店铺的客户管理工作，首先要结合相关消费数据以及客户的个人基本信息，建立起客户档案，并对客户进行合理分类，为客户管理工作打好基础。

客户的分类工作其实很简单，店主可以根据客户的商品类型需求、订单数量及其个人资料等信息进行分析，之后按照一个大的标准进行分类，进而有效地促进客户管理，提升店铺销量。

比如，通过对顾客的消费信息加以归类，就能够总结出消费者青睐于哪种类型的商品，也就有了明确的客户定位和销售标准。如果消费者的消费需求发生变化，也可以通过销售管理及时了解。

2. 管理客户信息，防止老客户流失

很多店铺都曾遇到过这种情况：店铺的点击量和之前相比并没有太大变化，不过销量却大不如前。对此，很多人不明所以，这正是CRM大显神威的时候。当各位店主发现店铺在某段时间内销量明显下降，便可以从客户档案入手查找原因了。

比如，通过对客户购买记录的跟踪和查询，发现一些顾客超过商品的使用周期后并没有重复购买，这很可能就是商品质量出现了问题。这时候店主可以主动联系客户，询问对方不复购的原因。了解了原因后，要及时拿出解决措施。如果确实是商品质量出现问题，店主要立即下架该商品，然后另选优质的同类商品进行销售。如果是店铺服务存在问题，则要及时改进服务。

3. 研究客户档案，深挖老客户价值

对于微信小店来讲，老客户是店铺发展的支柱。可以说，没有老客户的一路支持，也就没有店铺的成长和壮大。老客户是店铺在未来发展道路上的一股忠实的推动力量，对店铺的成长具有极大的价值。

除了上面提到的，老客户还有更深层次的价值存在，当然，这需要店主认真研究客户档案，从中有所发现。比如，通过对老客户个人资料（年龄、职业等）的了解，发现老客户背后拥有庞大的朋友圈，这时候各位就可以

通过给予优惠和奖励等方式，激励老客户在自己的朋友圈推广自己的店铺，进而为自己带来更多客流量。店主甚至还可以将合适的老客户发展成自己的分销商，共同创业，通过向其支付一定的佣金，让他们为店铺带来更大的推广空间以及更多的销量。

4. 转换经营思路，将销量推向极致

目前，很多店铺采取的发展策略，是在服务好老客户的同时大力开发新客户，以此保持源源不断的订单。很多店铺不断发展分销商，不断进行各种促销活动来吸引新客户，但效果并不如预期。

众所周知，能够在某一领域获得成功的人，大多是打破常规、不按常理出牌的高手。他们在思想和观念上从不固步自封，而是善于转换经营思路，经常会有一些逆向思维，也正是这些，才会让他们从竞争中脱颖而出。各位店主应当跳出自己的惯性思维，勇于开拓店铺的“蓝海”市场。

比如，有家销售面膜的微信小店，是以广大年轻女性为目标客户群的。经过一段时间的发展，小店遇到了长时间困扰其发展的瓶颈。最后，这家微信小店将目标客户群扩大，重点瞄准都市男性白领群体，最后在看重面部美白的“小资”群体中开拓出了一片良好的市场。

总之，对于微信小店来说，要想把自己的店铺打理得有声有色，必须要依赖于良好的客户管理。CRM 是客户管理的一个理想工具，凡是和店铺有过交易记录的客户，都能够将其编入到 CRM 管理系统中，以便于各位店主对其进行有效管理。

无论是哪一类客户管理内容，都需要店主和客户之间保持良好的互动，以此将客户管理做到极致，同时也将客户关系推向极致，将微信小店的销量推向极致。

第四章

添加功能模块，全方位打造微店帝国

开通微信小店后，除了微信小店自带的功能外，店主还可以在自定义菜单里，根据自己的需要自行添加各种功能模块。比如添加微社区或活动中心，全方位打造微店帝国，以便店主更好地管理和经营微信小店，为顾客提供良好的购物体验，同时为店铺带来巨大的收益。

添加功能模块，建立营销矩阵

当店主开通微信小店后，可以通过微信小店自带的各项基本功能来经营店铺，比如订单管理、商品管理。还可以利用微信公众平台的各项功能来管理店铺，比如用户管理、消息管理、图文分析等。除此之外，为了更好地经营和管理店铺，为顾客提供更好的服务，店主还可以在自定义菜单栏里，根据自己的需要添加功能模块，实现功能矩阵。

由于大多数店主都是初次开店，并不了解自己能够开设哪些功能模块。下面为大家介绍几种比较实用的功能模块，供大家参考。

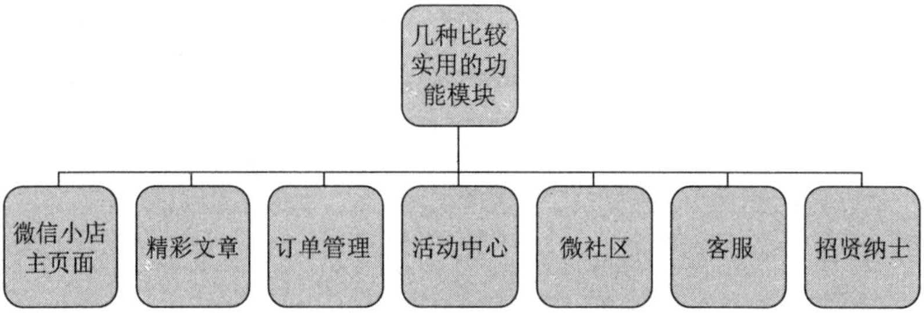

图 4-1　几种比较实用的功能模块

1. 微信小店主页面

在已认证服务号的菜单栏里，微信小店是非常重要的一个功能模块。顾客可以通过微信服务号进入店铺，浏览商品。看中某件商品后，就可以下单并完成付款。店主需要一键将店铺搬进服务号，才能开店做生意。

开店之后，店铺的“装修”非常重要。店铺装修包括商品货架模板、商品分类等，这些需要店主考虑清楚。店主将事先准备好的店招图片、画家模板等一一上传至微信小店，然后进行装饰，以便给顾客带来愉快的购物体验，同时激发顾客再次光临的意愿。

2. 精彩文章

在服务号菜单栏里，设置有“精彩文章”栏目。该栏目主要是为了吸引潜在顾客，培养顾客的忠诚度，为他们提供与商品消费相关的文章。精彩文章都是免费为顾客提供的，用以满足阅读或了解商品消费方面的需求，提高顾客的购物体验，所以设置“精彩文章”是非常有必要的一项功能模块。

另外，如果店主本身有写作的能力，可以发布一些自己的原创文章。原创文章的内容最好真实可靠，这样更能打动人心，引起粉丝的共鸣。如果店主没有能力自己写，也可以转载一些好的文章，只要提供的文章内容是大家都比较感兴趣，同时又与商品消费相关的就可以。

3. 订单管理

对于订单管理，每个微店 APP 或网店都会有这项非常重要的功能，它是专为店主提供的，以方便店主管理订单。但极少有店主会专门为顾客设置此项功能，或许是他们没有想到这一点，或许是他们觉得顾客不需要。

实际上，为顾客设置订单管理，不但可以提高顾客的购物体验，还方便顾客管理订单。比如顾客在支付过程中，因为某种因素没有支付成功，再次操作时，就可在订单管理中找到未支付的商品进行付款，所以店主设置“订单管理”这一功能是非常有必要的。“订单管理”的具体作用，后面将为大家详细介绍。

4. 活动中心

“活动中心”的主要作用是方便店主定期开展优惠活动，与粉丝进行充分互动，因此是吸引粉丝、培养粉丝的一个非常重要的功能模块。

顾客可以随时关注店铺的最新动态，在“活动中心”了解店铺开展的各项优惠活动，并积极参与活动。设置“活动中心”有助于店主聚焦所有顾客的目光，让顾客关注店铺的动态，以便优惠活动的展开，进而提高店铺的销量。

5. 微社区

在营销界，“无互动，无粉丝”这句话一直被人们广为流传，对微信小店也同样适用。人在社会中生存离不开群体，我们开店做生意，最离不开的就是粉丝，即顾客。基于信任，双方才有了交易，那么这份信任到底是怎么建立起来的呢？那就是依靠彼此的互动，这也就是设置“微社区”的作用。

在微社区里，除了店主与粉丝之间的互动，还有粉丝与粉丝的互动。微社区不仅可以帮助店主解决自己无法及时回答粉丝提出的问题，还能增强粉丝与粉丝之间的感情，可谓是店主用来增强用户黏性的有力工具。所以设置“微社区”也是非常必要的一个功能模块。

6. 客服

不管是顾客售前咨询，还是售后反馈，店主若能够及时解决顾客的各种疑虑，有助于提高潜在粉丝转化为顾客的概率，因此“客服”这项功能必不可少。

通过“客服”功能，顾客有任何问题都可以随时联系店主或者客服工作人员，寻求店铺的帮助，这样不但可以提高订单的成交率，同时还可以解决售后问题。

7. 招贤纳士

当店铺积累了一定数量的粉丝之后，单靠一个人的力量很难继续将店铺良好地运营下去，这时店主就需要招贤纳士，以便为粉丝提供更好的服务，提高粉丝的购物体验，保持店铺的正常运转。

店主可以在服务号菜单栏里设置“招贤纳士”功能模板，这样一来，只要顾客进入店铺，便可看见“招贤纳士”信息。若顾客真有意愿，便可以直接通过“客服”联系店主，和店主共同将店铺继续发展下去。

三个臭皮匠，顶个诸葛亮。在当今社会中，虽然一个人可以取得一定的成就，但一个人的精力和能力毕竟有限。只有懂得与他人合作或借助他人的力量，才能创造更大的业绩，所以“招贤纳士”功能不可小视。

上面提到的几种功能模块，对店主来说是非常实用的，店主可以将其运用在实际经营当中。店主设置的每个功能模块，对管理店铺都是有一定帮助的，但设置功能模块是有数量限制的，店主不可能将全部功能都设置在小店中，所以店主要根据店铺的具体情况进行设置。

线上订单管理，为粉丝提供最大方便

一提起订单管理，很多店主在第一时间就会想到店铺中的订单管理。订单管理是店铺自带的基本功能，对店主来说，这项功能使用起来非常方便。但这里要讲的订单管理并非是店铺自带的订单管理，而是店主通过微信公众号的自定义菜单栏自行设置的订单管理，这个订单管理功能是提供给顾客使用的。

很多店主都认为，设置线上订单管理没有必要，因为他们觉得顾客根本不需要。实际上，店主设置的线上订单管理，对顾客来说作用非常大，既方便顾客管理订单，有什么问题还可以在线上订单管理中去查证。所以店主设置线上订单管理，可以为顾客提供更大的方便。

那么顾客从线上订单管理中到底能够享受哪些方便呢？

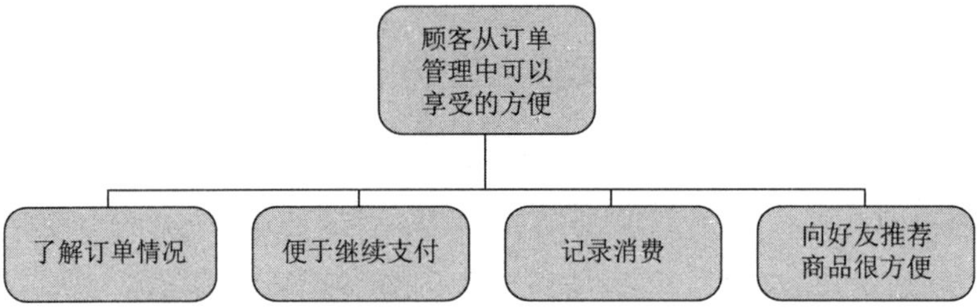

图 4-2　顾客从线上订单管理中可以享受的方便

1. 了解订单情况

顾客在店铺中浏览商品，看中某件商品并决定下单，成功付款后，便可以在服务号的菜单栏里查看订单情况。

在线上订单管理中，顾客可以了解到商品的发货情况。顾客等待一段时间后，倘若还没有收到商品，便可以点击订单管理，查看订单状态。若店主还未发货，顾客必然很着急，这时候顾客就可以主动与店主联系，询问店主迟迟不发货的原因，催促店主赶快发货。所以对于顾客来说，线上订单管理也是非常重要的一个功能模块。

2. 便于继续支付

当顾客看中某件商品，正在进行付款时，由于某种原因未能完成付款，比如银行卡没有开通手机支付功能或卡中钱不够等。当顾客解决完问题后，想要继续购买商品时，便可直接到自己的订单中查找到未付款的订单，继续支付并完成付款。

对于顾客来说，有了线上订单管理，继续支付非常方便。

3. 记录消费

只要顾客在店铺中购买过商品，每次的消费记录都会被保存下来。在线上订单管理中，顾客可以非常清晰地看到自己在店铺中所有的消费情况，购买每件商品的消费记录。

当顾客发现自己卡中的钱减少，同时又不清楚自己的消费情况，或者是自己不清楚已购买哪些商品，还有哪些商品需要购买，或者是顾客再次购买时，忘记已购买的商品名称，就可以在线上订单管理的消费记录中进行查找。

4. 向好友推荐商品很方便

当顾客在店铺中购买商品后，若是觉得商品不错，很可能会将该产品推荐给亲朋好友。但是顾客不可能随身携带产品，这时店主如果没有设置线上订单管理功能模块，顾客就无法将商品信息传达给其他人。

如果店主设置了订单管理，即使顾客是在路上偶遇好友，也可通过线上订单管理查找自己的消费记录，将购买的商品图片展示给好友，无需顾客在店铺中查找该产品。这样一来，向好友推荐商品就变得非常方便，不但利于口碑传播，还能提高店铺的销量，真是一举两得！

总之，店主在自定义菜单栏里设置线上订单管理，不仅可以帮助顾客更好地管理自己的订单，顾客有任何问题，还可以在线上订单管理中查找已购买的商品。有据可查，对于顾客来说也是非常不错的购物体验。

当然，线上订单管理功能模块并不是要求店主必须设置，而是要根据店主的真实需求而定。

设置活动中心，让活动信息像病毒一样扩散

在经营微信小店的过程中，很多店主都会遇到店铺生意冷清的情况，于是逢人便抱怨：开店的人太多，生意难做啊！其实，经营店铺、维护顾客要像朋友那般，有事没事都要互动。互动的次数越多，与顾客的感情就会越深，他们自然会支持并照顾店铺的生意。

为了方便与顾客互动，店主可以在微信小店中设置“活动中心”，多开展一些活动，让活动信息像病毒一样扩散。让更多的人参与到活动中，订单自然接踵而来。

1．达到更好营销效果的几种活动

有句话说得好，“无活动不营销”，也就是说，顾客更喜欢“有利可图”。随着店铺的发展，对账号的运营以及活动策划的依赖会更强，这就对店主在品牌分析、粉丝行为分析以及资源整合上提出了更高的要求。

店主要明白，顾客因价值而来。如果阅读或购买体验不好，就会出现“掉粉”现象，所以店主策划活动一定要不断创新。活动内容精彩、精炼，营销效果才会好。

那么，在活动中心中，店主可以举办哪些活动来更好地达到营销效果呢？

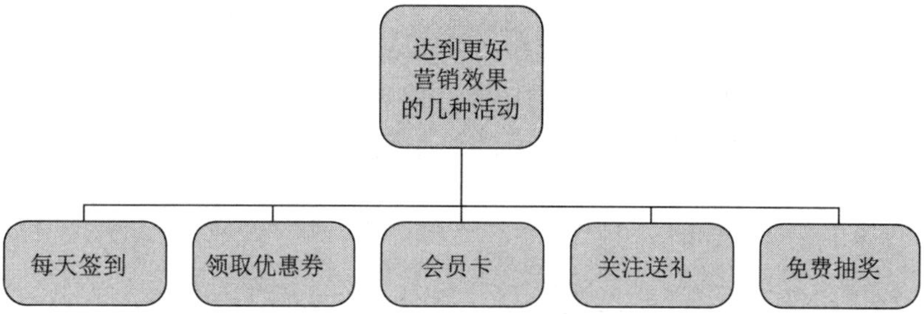

图 4-3　达到更好营销效果的几种活动

（1）每天签到。

每天签到，主要是指顾客通过每天签到的方式累积积分。连续签到的次数越多，积分越多，顾客可将这些积分用来兑换相应的奖品。这通常是商家惯用的一种营销手段，其目的就是为了让顾客养成每天签到的习惯，从而加深店铺在顾客心中的印象，让顾客对店铺逐渐产生粘性。有了这个活动，在很大的程度上，还能达到提高店铺人气的目的。

（2）领取优惠券。

一般来说，店铺举行促销活动，顾客的购物积极性会非常高涨，因为大多数顾客都是精打细算的人。既然在活动期间购买商品比平时便宜很多，人们自然不会错过这种机会。

各位店主开展领取优惠券活动，相当于给了顾客一定的优惠，会大大提高顾客的转化率。

（3）会员卡。

通常来说，如果顾客不是忠实粉丝，而是发生第一次交易的新顾客，那么如果店主开展会员卡活动，将能有效激发顾客的购物意愿，促使大量的潜在粉丝转化成顾客。办理会员卡，在一定程度上还能留住这些新顾客，大大提高顾客复购率。

店主通过这种方式对自己的产品和活动进行有针对性的推广，不仅成本比较低，对品牌口碑和顾客数量的长期积累都有好处。

（4）关注送礼。

如果店铺没有顾客，生意不好，这时店主就要认真反思一下自己，评估一下自己的粉丝数量。如果粉丝数量不多，店主需要开展活动来吸引更多的人关注，这些关注店铺的人极有可能会成为自己的顾客。关注的人越多，发展成为店铺顾客的也就越多。

店主可以采取关注送礼的活动，让活动信息像病毒一样传播，吸引更多的人来关注。同时可以邀请他们将活动信息转发到朋友圈，让更多的人看到。收集一定数量朋友的关注，还可获得相应的礼品。

（5）免费抽奖。

一般来说，免费抽奖是很多商家常用的一种促销手段。店主可以通过开展免费抽奖活动，吸引更多的人参与到活动中。通过这种互动方式，不但能提高店铺的人气，还有可能起到提高店铺销量的作用。

以上是吸引顾客的几种活动方案。除此之外，店主还可以开展其他活动，比如扫店铺二维码即可享受一定优惠等。具体采用哪种活动方式，需要店主根据店铺的运营情况自己定夺。

2. 设置活动中心，店主可获得收益

店主设置活动中心，不管采取何种活动方式，当这些活动信息像病毒一样传播时，一定能为店铺带来意想不到的收益。那么店主设置活动中心，到底能为店主带来哪些收益呢?

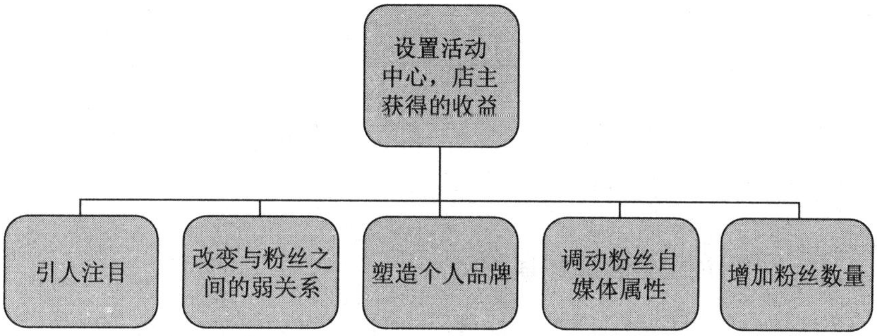

图 4-4　设置活动中心店主获得的收益

（1）引人注目。

当店铺有促销活动时，不管活动内容是什么，只要活动内容比较新颖、有趣，就能起到引人注目的效果。

活动的目的就是为了吸引人，吸引他人的关注，然后再通过优质的服务成功留住这些关注的人，将其转化为顾客。

（2）改变与粉丝之间的弱关系。

在人际交往中，与顾客互动越频繁，联系节点数量就会越多。通过活动，能够增强店主与顾客之间的关系，从弱关系变成强关系，从粉丝转变成忠实顾客，这种转变会大大促进店铺的发展。

店主可以通过有效的活动来改变与粉丝之间的弱关系，加强彼此之间的感情交流，用情感来黏住顾客，让顾客成为自己的忠实粉丝。在这个过程中，店主可以挖掘他们的潜在价值，为店铺带来巨大的资源。

（3）塑造个人品牌。

在购物过程中，打动顾客购买之心的，要么是商品价格，要么就是品牌。一个好品牌能为店铺带来巨大的财富，店主设置活动中心，开展各种营销活动的意义就在于此。

通过活动来推广店铺，让更多的人熟知自己的店铺，购买店铺里的商品，进而逐渐打造出个人品牌。一旦有了一个好品牌，店主就可以利用品牌的影响力获得大量订单。

（4）调动粉丝自媒体属性。

每个账号背后都有力量，每个粉丝背后都有一张人际网。身处移动互联网时代，每个账号都是一个自媒体，这就是粉丝的自媒体属性。

通过活动，可以充分调动粉丝的积极性，让所有粉丝参与进来。粉丝从活动中获得不错的体验，自然就会将美好的体验分享给亲朋好友。基于信任，自然会有更多人到店铺中购买商品。

（5）增加粉丝数量。

“爱占小便宜”是顾客的一种正常消费心理，顾客通常喜欢购买性价比较高的商品。当店主在活动中心发布促销活动内容时，如果这些活动内容被经常关注店铺的老顾客看到，有可能会到店铺进行消费。

更重要的是，如果活动吸引力足够大，一些潜在顾客就会立即被吸引过来，甚至会冲动购买，这在无形中会增加店铺的粉丝数量。

总之，店主设置活动中心并定期发布活动信息，能够保持已有的粉丝时时关注店铺动态。一旦有促销活动，他们都会过来“捧场”，照顾店铺的生意，进而达到培养粉丝忠诚度的目的。

店主开展活动后，这些活动信息会像病毒一样传播。人天生就比较“好奇”，在“好奇心”的驱使下，自然会吸引很多粉丝过来“围观”。一旦店主推出爆品，这些人就会蜂拥而上。

对店主来说，设置活动中心很重要。“无活动不营销”，在利益诉求刺激下，很容易吸引顾客的关注。很显然，开展活动也是店主与粉丝互动的一种方式。

请朋友帮忙，一键把信息分享到朋友圈

如果微信小店已经开通，店铺的顾客却寥寥无几，这时要想增加客流量，最好的办法就是请朋友帮忙，一键将信息分享到朋友圈。

朋友圈，顾名思义，“圈”里的人应该都是自己的朋友。不管是亲戚、同学，还是同事，他们都是自己接触时间较长，感情比较深厚的人，彼此已经建立了一个稳定的信任关系，这种关系会直接影响到人们生活的方方面面。对于朋友的建议与推荐，他们大多都很容易接受。

众所周知，微信作为最流行的社交工具，很多人都在使用它，并且已经成为人们生活的一部分。现在绝大多数的微信用户，每天早上睁开眼的第一件事，便是打开朋友圈，看看上面的信息。比如好友的个人心情、生活趣事、热点新闻等，包括看到很多售卖产品的图片和文字。如果看到好的文章或产品，点个赞或发表评论，或者将此信息分享到朋友圈。继QQ、微博后，微信朋友圈已经成为新的营销平台。

熟人生意好做，基于信任，朋友大多数都会支持自己的微信小店，甚至会下单购买。

微信朋友圈的月活跃账户一直在呈爆发式增长，目前已经拥有上亿用户，而且朋友累计分享已超过10亿次，每天用户上传的图片数量已破亿。从收看率和阅读率来看，微信朋友圈的影响力非常强大，可以与热门电视

频道或知名报刊相比，朋友圈的商业价值由此可见一斑。

在朋友圈里，有什么新鲜事或者小感悟，都可以拿出来与人分享。用的人多了，朋友圈的功能开始发生变化，圈内开始有公众号或朋友发出代购商品信息。每天更新的货品、打折等促销信息应接不暇。朋友圈的展示形式是图片加文字，非常直接清晰，而且手机操作和浏览非常便利。很多人都用朋友圈展示自己的商品，朋友圈已渐渐地向购物圈靠拢。现在，很多人没事就刷刷朋友圈，或者是寻找自己感兴趣的产品。

可以说，朋友圈是一个快速建立信任感的圈子，而且这种信任感会带来几何级数的爆发式传播。有了信任，店铺就会积累起长期而稳定的顾客，同时还降低了机会成本投入。不难看出，朋友圈靠的就是“口碑营销”和“熟人经济”。

在朋友圈销售粟米的富军，可以说将微信朋友圈的应用潜力进行了充分挖掘。他通过在朋友圈进行品牌内容建构以及产品信息定期更新，很多人纷纷为他点赞，并在他们自己的朋友圈进行二次宣传、推广，最终让富军获得了很好的经营业绩。

图 4-5 富军朋友圈的好友

微信朋友圈的魅力和价值势不可挡，那么店主请朋友帮忙将信息分享到朋友圈后，到底能为自己带来什么呢？下面就来具体看一下（见图 4-6）。

1. 获取第一批粉丝

开店初始，很多店主的粉丝数量几乎为零。获得的第一批粉丝，基本上都是从朋友

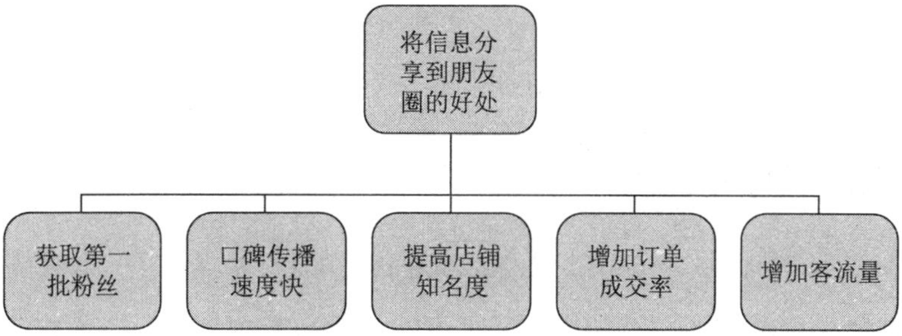

图 4-6　将信息分享到朋友圈的好处

圈慢慢发展过来的。之所以选择朋友圈，最重要的原因就是朋友圈的人大多数都与自己建立了比较稳定的信任关系，他们会因为信任店主这个人而认可店主售卖的产品，购买的几率自然比较高，所以很多店主都是从朋友圈获得第一批粉丝，然后慢慢再扩大开来的。

2. 口碑传播速度快

由于店主的第一批顾客是从朋友圈获取的，当顾客购买商品后，觉得商品非常不错，极有可能将商品信息分享到朋友圈。当顾客朋友圈里的人看到后，基于彼此的信任，也极有可能会购买，甚至将美好体验告知他人。口碑传播的速度是相当快的，一传十，十传百，商品信息很快就会传播开来，好口碑也由此建立。

有了好口碑，生意兴隆是迟早的事。

3. 提高店铺知名度

除公众号外，很多店主还喜欢利用朋友圈来扩大品牌影响力。每个微信号码的背后，都会拥有几个相同爱好的圈子。原本属于不同圈子的人，通过微信这个平台聚集在一起，组成了相关的群。在群里，大家都聊着感兴趣的相同话题，甚至还会相互关注对方，相互影响对方，这对品牌宣传再好不过。

店主在营销时，若能利用好朋友圈，对提高店铺知名度很有帮助。

4. 增加订单的成交率

在朋友圈里，最大的好处就是能够进行产品直播，让顾客“眼见为实”。产品直播很容易吸引顾客的眼球，引发顾客的点赞或评论，甚至极有可能激发顾客的购买意愿。

朋友圈的这种图文展示方式，更容易打动顾客的心，而且这种展示针对性强，目标明确，喜欢你商品的人看到后就会主动来联系你。

另外，店主还可以将好的反馈信息分享到朋友圈，让更多的人看到，这在无形中会增加订单的成交率。

5. 增加客流量

现在越来越多的人使用微信，人们通常利用自己的碎片化时间，有事没事地刷刷朋友圈，查看朋友圈里发布的热点新闻或者新鲜事物，甚至在看到自己喜欢的产品时便购买下来。

朋友圈选择购买的很大原因，就是因为大家都是朋友，信任度高，有中意的商品还可以随时咨询，非常便捷。即使购物过程中遇到什么问题，也比较好解决，因为大家都是熟人，互相比较了解，大概都知道顾客的喜好，明白推荐什么样的商品比较适合，所以顾客很快就会下单。由此可以看到，使用朋友圈可以方便地增加客流量。

朋友圈是一种将手机应用、PC 客户端、网页精彩内容或个人发表的图文分享且支持网页链接打开的传播方式。这种性质有点类似于社交网络但又略微不同，因为朋友圈的信息流通比较私密，属于社交的范围。不过，由于朋友圈的受众目标多为自己的好友，传播主体和受众属于对等关系，具有精准性、针对性、互动快、信息接受率和转化率较高等特点，所以朋友圈比较适合做口碑营销。

另外，从营销的角度来看，朋友圈做的是熟人生意，能精准地把握客户的需求。

微社区：打造最具个性化的粉丝大本营

当微信小店逐渐积累起大量且稳定的顾客群后，店主就可以开设微社区了。微社区不但可以用来引入新粉丝，同时还能培养粉丝的忠诚度。

微社区是基于微信公众号的互动社区，主要应用于微信服务号与订阅号，是微信公众号运营者打造人气移动社区，增强用户黏性的有利工具。店主可以直接通过微社区与粉丝交流、互动。基于相关话题和共同兴趣，双方可以通过发帖和回复的方式，使店主与粉丝、粉丝与粉丝在互动中完成内容制造和传播。这种双向的交流会给顾客带来美好的用户体验，让双方的互动更便捷、更畅快，从而打造一个更具个性化的粉丝大本营。

一般而言，微社区拥有四个核心优势：（1）海量用户：精准对接移动用户需求。（2）百万公众号：覆盖微信百万公众账号。（3）安全简单：平台安全稳定，体验流畅。（4）资源配备：提供统计、支付等能力。

目前，微社区对接了微信公众平台和手机QQ，这代表商家拥有最大的用户资源。而且微社区的使用和体验都非常方便，无需注册，用户便可以通过QQ、微信使用。可以说，店主选择使用微社区，不但可以降低获取粉丝的门槛和成本，还对创业者本人有利。

实际上，微社区的另一商业价值就是为用户提供服务，用服务来巩固用户。留住用户，赚钱的机会自然就会多。不过，做服务最好是采取地方加垂直的模式，做小而美而不是大而全，选择一个足够小的阵地才能守得住，这需要有一定的资源优势。

店主设置微社区，就是为了与粉丝充分互动，用情感黏住顾客，从而实现“吸粉”和“养粉”的目的，为顾客提供服务的同时，也为顾客创造价值。那么怎么将微社区打造成一个最具个性化的粉丝大本营呢？这里为大家提供六大绝招以供参考。

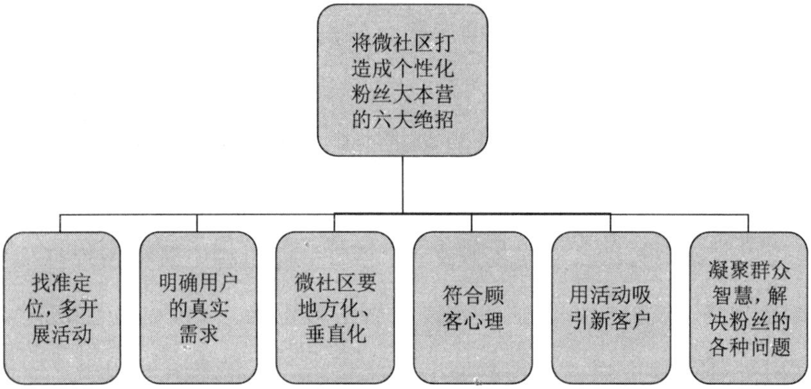

图 4-7　将微社区打造成个性化粉丝大本营的六大绝招

1. 找准定位，多开展活动

首先，店主要做的第一件事就是找准微社区定位。定位很重要，你必须清楚自己的社区面向哪种人群开放。然后你要搞清楚顾客的需求，自己的社区是否满足了顾客的心理，开展的活动是否满足了顾客的真实需求。充分了解这两点后，再决定是否继续开展活动。

另外，店主要多在运营上下功夫，尽可能多地制造热点话题或趣味性十足的话题。通过互动活动，不但能调动用户的积极性，提高微社区人气，还能进一步增加彼此的感情。

不管是媒体还是企业，最好不要做大而全的东西，要做自己擅长的领域。只有这样，用户的需求才能更集中，加上准确的定位，开展的活动才能顺利进行。值得注意的一点是，店主在运营社区时，一定要搞清两点：其一是你的顾客是谁？其二是顾客的真实需求是什么？搞明白这两点以后，活动才能收到较好的营销效果。

2. 明确用户的真实需求

既然微社区是围绕顾客展开的，店主就要充分了解顾客的需求。顾客需要什么，我们就为顾客提供什么，这样才能在满足顾客的基础上同时满足我们的需求。

策划某个活动或话题时，店主一定要搞清楚顾客的需求，这样才能通过活动促进双方的有效沟通，进而增加平台的活跃度。

3. 微社区要地方化、垂直化

在移动互联网时代，用户都活跃在各大社交平台，比如微信、微博和腾讯QQ等。其实，选择什么样的平台和客户端并不重要，重要的是，店主要能够满足客户需求，抓住用户需求，这样才能达到最终目的。

另外，店主要及时根据用户需求对应用工具和微社区生态进行改进，这样才能进一步满足用户的垂直需求，以此来带动店铺的发展。

4. 符合顾客心理

比满足顾客需求更难的是，店主与顾客互动的活动一定要符合顾客心理，这样才能有效抓住顾客的特点，更容易达到预期的目的。当然，由于各社区的自我定位不同，用户的心理也会有一定的差别，需要店主认真观察和分析，进而找到应对方案。

对于这一点，微店达人“重庆烧白哥”可谓是个中好手，他深知要想留住顾客，互动活动是必不可少的一项内容。每个人都有“爱听故事”的潜在心里诉求，“重庆烧白哥”为了丰富顾客的生活，不仅会在微博里分享自己的创业故事，还会发表一些用网络语言编制的烧白段子，以此抓住顾客的心。

5. 用活动吸引新顾客

虚荣心人人都有，店主可以利用顾客的这个心理，鼓励顾客参与活动。还可将所参与的活动内容通过社交途径传播拉票，参与者有机会获得奖品，以吸引朋友圈里的人进入社区，这样社区就可以通过活动直接获得大量新增顾客。

6. 凝聚群众智慧，解决粉丝的各种问题

在这个社区里，大家之所以凝聚在一起，或者是由于拥有共同兴趣，或者是相同的身份背景，所以大家在一起是有共同话题可说的。当店主不在线时，顾客可以通过社区向其他粉丝寻求帮助。粉丝之间的互动，还能够有效帮助店主解决问题，不必一对多进行互动，而是实现“多对多”，这样管理顾客更方便、更便捷。

总之，微社区就像一个大家庭，它将店铺的目标粉丝聚集在一起。粉丝群体中，一旦有人提出问题，大家都会一起参与讨论，一起解决问题。这样有温度的微社区，不但可以吸引新顾客，还能培养顾客的忠诚度。所以说开设微社区将会为店铺带来巨大效益，因为它是打造个性化粉丝的大本营。

第五章
广开渠道，粉丝才是微店最大的信仰

移动互联网时代，拥有粉丝是基础，培养“铁粉”更是微信小店通往成功的“通行证”。作为店主，想要让自己的微信小店脱颖而出，就必须广开渠道，培养一批属于自己的“铁粉”。各位店主要牢记，粉丝是微店最大的信仰。

流量之争：得粉丝者得天下

随着互联网的飞速发展，网络平台已经逐渐从PC端转移到了移动端。流量入口的变化带动了新的争夺战，甚至在移动互联网中掀起了一股新的浪潮。微店领域的从业者同样没有放弃流量入口的竞争，他们深知微店的生存法则——“得流量者得天下”。流量之争，归根结底就是粉丝之争。确切地说，“得粉丝者得天下”：谁拥有的粉丝数量最多，谁便是微店世界里的“王者”。

按照经济学的观点来看，互联网经济的实质，其实就是粉丝经济。只要能够拥有一个属于自己的庞大粉丝群，即便你只是一芥草根，也同样可以强势逆袭，实现华丽转身，在互联网经济中拥有强大的影响力。

作为网购世界的重要组成部分，微店的粉丝又能为各位店主带来什么收益呢？和一般的爱好者有着天壤之别，粉丝是一群疯狂的痴迷者，只要他们喜欢，一切都不再重要，除了支持自己的偶像，其他都无所谓。当各位店主抓住这一点后，店铺的生意就会迎来一个明媚的春天。

相信很多熟悉微店的人，都听说过“哈爸”这个名字。2014年2月24日，开店还不到一个月的哈爸，便创造了单日营业额达到33152.5元的记录。

哈爸，原名余春林，早期曾在一家门户网站从事图书频道相关工作。后来辞职成为一名自媒体人，而且还在微信平台上开通了自己的微信小店，正式成为一名店主，主要在微店中销售“经典绘本”。

其实，哈爸本人一没有什么高人一等的背景，二没有什么过人之处——他就是生活中的一个很普通的人。可是为什么他的微店能够在众多的微店中脱颖而出，获得如此巨大的成功呢？

图 5-1 “哈爸”微店销售经典绘本

有人猜测说，哈爸肯定具有精明的商业头脑，但哈爸却笑言自己并非一个生意人。听到这样的回答，人们不免更加疑惑了：一个不懂经商之道的普通人，居然能将微店开得如此成功，他到底有什么秘诀呢？

哈爸没有任何开店的经验，却能将自己的微店经营得有声有色，关键在于他拥有强大的粉丝团，而且他的商品就是为这些粉丝服务的。

其实在开办微店之前，哈爸就已经开始培养自己的忠实粉丝了。哈爸在经营自己的微信公众号时，便比其他公众号用心得多。他经常在自己的朋友圈当中发布一些关于亲子教育和家庭婚姻的音频、视频、绘本内容以及相关文章，一点点地建立和发展自己的“妈妈”粉丝群。

另外，哈爸认为，在朋友圈中发布的内容不一定非要原创，只要能够为粉丝们带来价值的内容，便是值得发布的好内容。同时，哈爸还会不定期地对发布的内容进行调整和完善，最终目的是吸引更多的粉丝进行阅读。在哈爸的用心经营下，仅仅一年的时间，哈爸的粉丝数量便一路高歌猛进，不断实现新突破。

正是这些忠实的粉丝，为他日后成功开办微店并获取可观收益奠定了强大的基础。目前哈爸的粉丝还专门另设了一个微信公众号（名叫“哈爸粉丝团”），用于支持哈爸和他的经典绘本。

依靠强大的粉丝作为支持和后盾，相信哈爸的微店之路会越走越远，事业会越做越大。

其实中国不是没有偶像，相反，而是偶像太多了。中国也不缺乏粉丝，现实生活或者网络中支持在某一领域内出类拔萃的人才的粉丝团队随处可见，这一点在知名艺人身上非常常见。然而，目前仍有相当一部分企业和个体缺乏对粉丝经济的认知，或者说认知水平太低，忽视了对文化焦点事物周边产品的开发，不知如何通过文化潮流引领消费者的生活方式，而是仍然停留在请偶像代言上面，使得他们浪费了大量的粉丝消费市场空间。

如今是“得粉丝者得天下”的粉丝经济时代，我们正身处粉丝经济与潮流消费经济模式的圈子中，谁能够及时抓住自己的目标粉丝，并且不断扩大其规模，谁就能为自己带来更多流量，也就拥有了引导消费的主动权，当然，他也就能在微店世界中首先赚得自己的第一桶金。

微店的崛起是粉丝经济背景下市场发展的必然趋势，也是时代的需要。作为互联网经济的重要组成部分，流量之争在微店的发展过程中起着越来越重要的作用。微店不是单靠店主个人就能凭空建立起来的，在微店的背后，需要广大的粉丝给予支持。

粉丝时代的发展浪潮已经席卷到了微信小店，谁拥有的粉丝多，谁就能赢得更多的潜在客户，进而创造更多的财富。

各位还在等什么，还不赶紧想方设法争取更多的粉丝，用粉丝的力量让你的微店站在风口上！

粉丝定位：粉丝贵在精，而不在多

纵观消费市场，不难发现，任何一个领域或者行业，都有自己的目标人群。这些目标消费人群中，很大一部分是由粉丝构成的。比如小米的目标人群是大众消费者中一直拥戴小米的死忠粉丝；而锤子手机的目标人群就是那些拥有和老罗一样的人文情怀和价值观，并跟罗永浩一样追求生活品质的城市精英。粉丝经济时代，很多时候粉丝扮演了目标消费者的角色。

众所周知，在实施商业行为以前，很多企业都会进行目标群体的定位工作。作为消费群体的核心组成部分，粉丝的定位工作是一项重要内容。在粉丝定位工作中，店主应当牢记一点：粉丝不是每一个人，而是某一类人。这是一个首先要思考清楚的问题。

撒大网未必就能捞到更多的鱼，重要的是，店铺应当集中有限资源，有选择性地培养粉丝。培养粉丝的关键在于，店主要搞清楚自己的目标人群是谁。比如，小米手机把用户定位为发烧友，而罗永浩给自己的粉丝定位是那些时尚精英、文化精英以及媒体精英。

对于微店经营者来说，各位店主可以根据自己微店售卖的产品来定位自己的目标粉丝。同时大家也要明白，我们不能做到让所有进入店铺的人都成为自己的粉丝，重要的是要让成为微店粉丝的人真正为店铺带来效益，并在微店品牌建设工作中发挥作用。粉丝贵在精，而不在多。

当然，只要店主将自己的粉丝（也就是目标人群）服务好，他们就会在后续的互动中给你带来更多的潜在粉丝。各位店主想要做好微店，首先的一点就是给自己的粉丝定位。粉丝定位的好坏，某种程度上将直接决定经营的成败。

对于广大店主来说，开店前首先要正确定位自己的目标粉丝，然后通过与这些粉丝互动，了解他们的真实需求，售卖给他们所需之物。即使你从零做起，最初没有一个粉丝，但只要确定好自己的目标人群，并努力经营自己的店铺和粉丝，就一样能够取得成功。

在粉丝定位方面，一个微信号叫“NewZealanders”的人做得相当成功。

微信号“NewZealanders”的经营者名叫晶晶，是做海外代购的。她高中时就已出国，在新西兰生活了近 12 年。最早时，晶晶的微信号上没有几个中国朋友。为了不干扰她在新西兰的朋友，晶晶申请了一个新的微信号，开始尝试开微店。也就是说，晶晶是从“零粉丝”开始经营微店的。但到了 2014 年，她的微店已经取得了不小的成功，每周的订单都会像雪片一样飞来。那么，她是如何做到这一点的呢？

图 5-2　晶晶的微信小店

晶晶认为，开微店的关键就是卖什么产品。当时她有一个好友正好在新西兰开了一家实体店，专门销售纽澳护肤品和保健品，可以直邮到中国，于是她决定在微店售卖这些产品。

产品和货源问题解决后，接下来便是推广工作了。晶晶心里非常清楚，做生意最重要的就是市场定位要准确，也就是说要找准自己的目标客户群，所以推广工作的重心理所应当的便是自己的目标客户群了。

晶晶的亲朋好友并不多，于是只能选择面向陌生人推广。她很清楚，自己的产品是新西兰的护肤品，产品天然且安全，必定会受到孕妇和妈妈们的喜欢，而且这个群体也有为自己和家人购置保健品的需求，所以她将目标粉丝定位为准妈妈和妈妈群这一群体。

定位好自己的目标粉丝后，晶晶开始寻找目标人群聚集地，准备发展粉丝。她选择的是宝宝树论坛，其因有二。第一，她怀孕时，经常混迹宝宝树；第二，宝宝树人气旺，很多妈妈在怀孕以及带孩子的过程中都喜欢聚集在这里。于是她首先在宝宝树上与广大网友（日后的粉丝）交朋友，目的是混个脸熟。

晶晶专门选择那些有争议的话题与广大网友进行互动，这样的帖子通常有很多人讨论，可以增加认识的机会。另外，晶晶回复高等级网友话题的频率比较高。一般来说，等级高的网友在线率且活跃度都是非常高的，而且他们已有一定的知名度和粉丝基础，对推广工作大有裨益。

最后，她通过在论坛重点帖子上进行回帖的方式，使得很多妈妈粉丝都关注她，并添加了她的个人微信。一系列推广工作，使得晶晶拥有了一大批支持自己的高质量粉丝。

2014年2月2月，她的微店正式开张了。一个月的时间，她就有了近百个联系人，而且月销售额突破了万元。

晶晶总结自己的成功法门时表示，关键是要准确定位目标客户，然后重点和那些高质量粉丝建立关系。有了高质量的粉丝，既可以提高成交率，又可减少无效成本。

晶晶的成功得益于她的精确粉丝定位和对高质量粉丝的把握，她非常明白“粉丝贵在精而不在多”的道理。基于这种成熟的微店经营理念，她才会在如此短的时间内取得不错的成绩。

各位店主在开店前，首先要准确定位自己的粉丝群体，然后将目标人群服务好，令他们感到满意，这样他们才有可能成为你的忠实粉丝。

其实，按社交渠道的特点来评估，各位店主在进行粉丝定位时，首先应当考虑的就是朋友圈里的熟人。从自己的熟人开始，然后通过口碑传播的方式，将微店品牌形象更多地散播到其他圈子中，逐渐扩大微店的知名度和影响力。因此，微店店主只需服务好自己的好友，然后通过自己的好友去寻找高质量的目标客户，就可以做到事半功倍。

总之，无论店主采用什么办法，只要能将自己的目标粉丝服务好，增强他们的满意度，他们成为微店忠实粉丝的可能性就很大。之后让他们为你的微店推广尽一份力，便是轻而易举的事了。

各位店主应该懂得，在每个粉丝的背后，都拥有一个庞大的交际网，当粉丝拥有了良好的微店体验时，他们很可能会在自己的朋友圈宣传你的店铺。有了他们的人格担保，会有更多人主动来光顾你的微店。如此形成良性循环，你的粉丝数量将会呈现出爆发式的增长，微店生意自然水涨船高。

如何获得第一批目标粉丝

开微信小店，获取第一批目标粉丝很重要，顾名思义，第一批目标粉丝也就是关注微店并喜欢、认可微店的第一批用户，他们是微店推广发展的基础力量，借助第一批目标粉丝的广泛宣传，将会有更多的人关注微店，成为微店的后续粉丝，进而提升微店的知名度和影响力，为店铺带来更多订单。

众多社交平台都是获取粉丝的有效渠道，除了微信朋友圈这个第一批目标粉丝的重要渠道来源，还有微博、论坛、QQ等社交平台，也是非常不错的选择。很多成功建立个人微店品牌的微店牛人，个个都是第一批目标粉丝的引流高手，他们充分利用这些自媒体平台的特点，逐渐积累下了数以万计的支持者，而微店的销售额更是做到了“羡煞别店”的成绩。对于这些微店老手来说，利用社交平台获取粉丝，可谓是“信手拈来”的实战技巧。下面我们就将他们获得粉丝尤其是第一批目标粉丝的一些成功经验介绍给大家。

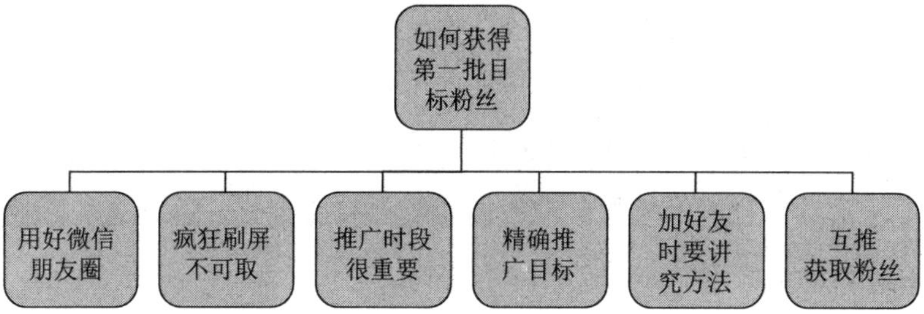

图5-3　如何获得第一批目标粉丝

1. 用好微信朋友圈

一般来说，能被我们添加到朋友圈的人，主要是我们熟悉的人，包括亲朋好友、同学同事、网络好友等，同时他们也是微店第一批目标粉丝的核心成员。因此，如何将其发展成为自己的粉丝就成为了一件重要工作。

对此，各位可以巧妙地通过产品信息来获取他们的关注，将一些自己或家人使用的产品图片发布到自己的朋友圈，用真实的产品体验告诉他们产品的功效，以此增加他们对你的信任。以化妆品为例，各位店主可以将自己或别人试用的图片发布到朋友圈，这样不仅护理了皮肤，增加了自信，同时还对产品进行了广泛的正面宣传，吸引更多人的关注和了解，一举两得。

2. 疯狂刷屏不可取

很多店主为了吸引粉丝，都会习惯性地每天疯狂式刷屏，不停地通过微信、微博、QQ 等渠道发送产品广告，一天下来，几乎能发几十乃至上百条硬性广告，这种过度推广行为很容易招来观看者的反感，如果你的朋友总是看见你发布的广告，很容易产生屏蔽你的念头，更别提成为你的粉丝了。换位思考一下，我们也会产生同样的反感情绪。

不过，作为微店经营者，我们又不得不通过发布产品信息推广产品，进而获取广泛的关注，所以，这就要求各位店主在发布推广信息时，一定要讲究频率和技巧。在此建议各位：第一，每天刷屏的次数不超过 6 条；第二，最好不要重复发同样的商品图片；第三，每发一条产品信息就要研究一下发出的信息所带来的反馈，进而改善推广方式。通过这些措施整体上提升粉丝的抓取率。

3. 推广时段很重要

除了掌握信息发布的节奏和技巧，各位店主还应当掌握推广的时段，最好是在每一天的固定时间内通过各种自媒体平台发送相关商品信息。具体的参考时间段如下。

7：00-9：00，这个时间段是人们的起床时间，很多人在早上上厕所时，都会习惯性地打开手机看看微信朋友圈、微博首页以及 QQ 中心的最新好友动态，这时候发一些推广信息来吸引大家的注意力，定会收到事半功倍的反馈和效果。

11：00-13：00，这个时间段是午饭时间，很多人喜欢在午饭前美食自拍、饭后刷朋友圈，更有甚者一边吃饭一边看好友动态，在这个时间段进行推广吸引眼球最好不过。

20：00-22：00，这个时间段是晚饭后的“休闲黄金档”，店主可以在这个时间段发一两条产品的使用效果图，用事实说话，进而增强产品的可信度，这是确认粉丝质量的关键时段。

4. 精确推广目标

对于第一推广渠道微信朋友圈来说，各位店主可以通过清理通讯录里的“无效好友”（屏蔽你的好友）来精确自己的推广目标。各位可以点击好友头像，如果能够查看到他的相册信息，说明他没有屏蔽你，反之说明他已经把你屏蔽了，而你在朋友圈发送的信息，他是看不到的。对于这种“无效好友”来说，推广工作是毫无意义和价值的，各位可以将其屏蔽或删除。

除此之外，各位还可以通过群发消息的方式查看微信好友中谁将你屏蔽或删除了。发送信息后，如果对方将你屏蔽或删除了，系统会有相应提示，这时候各位便可以对微信好友进行整理，精确自己的推广目标，剔除无效推广，提升营销质量和获取粉丝的成功率。

5. 加好友时要讲究方法

在社交平台上加好友是要讲究一定方法的，如此才能加到一些高质量的好友。对于各位店主来说，就是尽量加一些不会反感你、屏蔽你的好友或者网友。相对来说，加一些在日常生活就比较熟悉的朋友比较靠谱，如果店主不停地加“附近的人”，最后很可能你加的十个人中有九个会因为你的信息推广屏蔽你，或者根本不加你。

其实加好友的方法有很多，对于各位店主来说，关键是要选择一些行之有效的方法，比如可以将 QQ 里的好友复制到微信通讯录上，因为很多人使用 QQ 和微信，一般很容易成功添加微信好友。各位可以从中选择一部分人加到微信上，提升微信平台的好友量，或者将微信与 QQ 进行绑定，这样在微信朋友圈发送信息广告时，只要点“发送”下方的“QQ 空间”的图标便可，该信息推广便会同时发送到 QQ 空间里，快速实现信息的广泛阅读。

6. 互推获取粉丝

当然，吸引粉丝的方法有多种，比如点赞、微信红包、摇一摇、寻找附近的人、互推等，这些方法都是可以的。这里我们单独将互推拿出来给大家分享一下。互推就是店主与店主（或者其他自媒体好友）互相推广对方平台或产品的意思。各位店主可以将对方想要推广的商品信息转发到你的朋友圈，而你把自己想要推广的信息交给对方转发，实际上，你们就相当于互换了一个朋友圈，这种方式增大了自己的推广范围，是一种非常有效的推广手段。看到你产品信息的人更多了，交易的成功率也就更大了。

当各位店主积累了一定的粉丝基础，或者使粉丝成为了忠实粉丝，甚至有些粉丝还变成了店主的分销商，这时候各位就可以针对这部分人进行一些培训，让他们为自己带来更多的潜在粉丝。

不过，各位店主一定要记住，既然选择了开微店，最重要的就是一定要坚持下去。相信不少人都有这样的经历，就是在社交平台上发布了好几天的商品信息，结果没几个人光顾，于是就开始怀疑是不是自己的产品不好卖。

实际上，任何一个微店初期经营时都不会一发产品信息就有人来买。要知道，顾客接受一个新事物或一个产品是需要一个过程的，而这个过程正是买卖双方产生信任的阶段（所以，各位千万不要用虚假反馈来吸引粉丝，如果你的产品真正好的话，自然会引来众多粉丝），各位店主一定要将推广工作坚持下去，时机一到，终会获得自己的第一批目标粉丝。

多听粉丝建议，做出一点特色

在微信小店的世界里，用户便是自己的粉丝，粉丝经济作为大势所趋，使得流量之争成为新的战场——粉丝越多，流量越多，订单也就随之越多。店主获得成功都是得益于粉丝的拥戴和支持，利用粉丝的潜在价值，为自己带来无限的财富。

有句话说得极好——粉丝是促使微店成功的躯干，“小米”手机创始人雷军依托强大的“米粉军队”，在打造出知名手机品牌的同时，向着“雷布斯”的“教父之路”不断迈进；“锤子”手机创始人罗永浩培养出了“罗粉兵团”，实现了自己的“情怀销售大师”之梦，由此可见，粉丝对于个人品牌建立的重要性。

不过，在粉丝经济时代，对于雷军和罗永浩等人依托粉丝建立个人品牌的事例，可能很多人是“知其然，而不知其所以然”。其实在品牌建立的过程中，除了粉丝必不可少的宣传推广力量，同时粉丝的建议同样不可或缺，“小米”和“锤子”正是在广大“米粉”和“罗粉”的广泛建议下不断进行完善，最终形成特色产品的。当然，作为品牌建立的一种模式，微店品牌同样需要粉丝的建议。

粉丝的建议能够帮助店铺逐步完善自己的品牌特色，正如哈爸一样，通过吸收广大粉丝的建议，不但满足了他们的需求，提升了微店的人气，同时还在自己的微店——“经典绘本”中添加了其他广受欢迎的作者的作品，这是有别于其他绘本童书系列微店的特色元素所在，更是粉丝忠于微店品牌，甚至将其作为信仰的关键所在。

粉丝的建议对于微店品牌建设如此重要，各位店主务必要给予重视。在面对粉丝的建议时，各位店主应当循序三个原则：积极鼓励粉丝提建议、认真听取粉丝建议、全面落实粉丝建议。

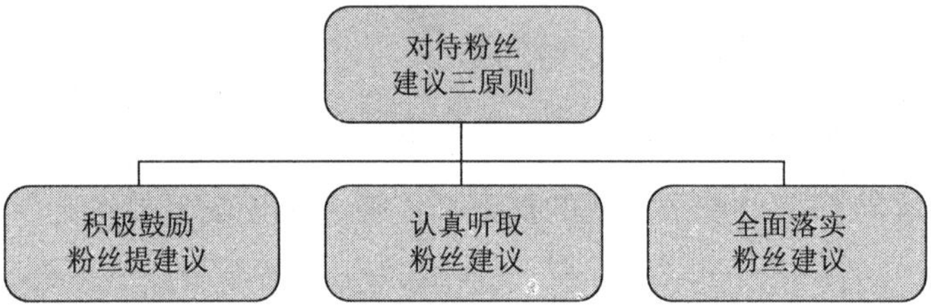

图 5-4　对待粉丝建议三原则

1. 积极鼓励粉丝提建议

如果店主足够幸运，有时候自己开的小店会遇到一些积极提建议的粉丝，这是每个微信小店都求之不得的好事。不过，大部分小店都没有这么好的运气，而粉丝建议对店铺发展如此重要，那么，这时候店主该怎么办呢？答案很简单，这时候就需要各位店主主动一些，以积极的心态鼓励广大粉丝为自己多提意见或者建议。

很多粉丝由于对店主缺乏了解，即便是有建议可能也因为顾虑而没有及时表达出来，甚至更多的粉丝根本不会主动和店主进行建议方面的交流。这时候店主有必要积极表明自己店铺的态度，那便是“积极纳谏”。对此，店主可以在店铺说明的最后添加一句“欢迎广大粉丝多提宝贵建议”。另外，店主还要在店铺日常经营中多与自己的粉丝进行互动，在互动中多询问粉丝对于店铺有什么建设性意见或建议。

2. 认真听取粉丝建议

当粉丝提出建议后，各位店主要做的就是认真听取，表明自己对粉丝建议的重视。如果店主对其不屑一顾，或者是有一句没一句地进行回应，敷衍了事，那么，粉丝失望的同时，也是你失去粉丝信任的时候。对此，各位店主应当认真听取广大粉丝的建议，并在听取后进行深入思考，想出解决方案。

3. 全面落实粉丝建议

如果广大粉丝向你提出建议后，你只是听听便罢，甚至是“左耳进，右耳出”，随后便将其抛之脑后，那么，对于微信小店来说，粉丝的建议没有任何意义，长此以往，再没有粉丝会积极向店主提出宝贵建议的。所以，各位店主在听取粉丝的建议后一定要认真对待，想出解决方案后要及时进行落实，争取在最短的时间内将粉丝的可行性建议变成可以看得见、摸得着的工作成果，以此提升店铺的人气和生意，同时也增强广大粉丝对店铺的信任度，俘获他们的内心。

正确定位自己的粉丝，再通过粉丝提出的建议了解粉丝的需求，最终提供能满足广大粉丝需求的特色产品，那么店铺成功便指日可待。

合理利用其他社交平台

前面我们已经向大家介绍过利用微信朋友圈来吸引粉丝的方法，虽然各位店主通过这种方式能够获得一些粉丝，但是数量毕竟有限。其实除了微信朋友圈，能够为店铺带来粉丝的社交平台还有很多，各位店主要想扩大自己的粉丝基础和店铺人气，还可以利用其他社交平台来进行多渠道地营销和推广，如此多方位的店铺推广，必定会让自己的粉丝爆发式地增长，为店铺带来极高的人气。

其实，利用社交平台提升粉丝规模的核心就是进行信息推广，只不过每个社交平台的功能和特性有所不同，各位店主需要结合社交平台的具体情况进行操作。接下来，又到了各位店主“涨姿势”的时间了。除了微信平台之外，到底还有哪些社交平台可以用来推广店铺、提高店铺粉丝与人气呢？我们日常生活中常用的几种社交平台都拥有广泛的用户基础，很有利用价值。一般来说，比较常见的社交平台有如下 4 个。

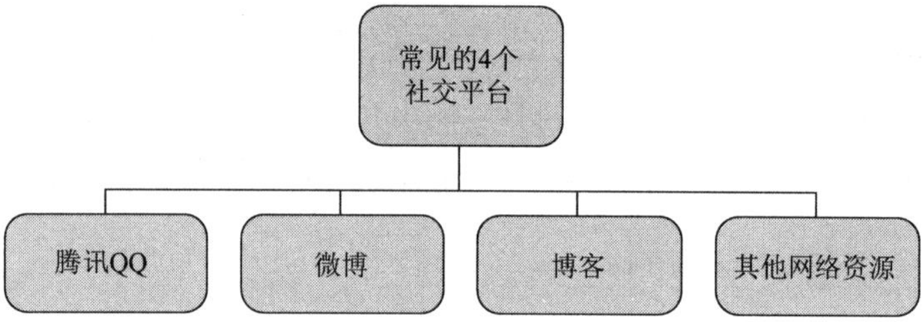

图 5-5　常见的 4 个社交平台

1. 腾讯 QQ

QQ 是大家最常见的一种社交工具，几乎每个人都拥有不止一个 QQ 号，而且 QQ 可以免费长期甚至终身使用，一般情况下，也没有人会随便将自己的 QQ 丢弃不用。

目前 QQ 是用户基础最为庞大的线上社交平台，各位店主可以通过 QQ 来大力发展自己店铺的粉丝。而且店主在利用 QQ 推广店铺时，除了 QQ 好友之间的消息互动，在QQ相册和QQ群里进行推广更能收到良好效果。

（1）QQ相册。

QQ相册是一个非常不错的吸粉工具，一般来说，只要店主将商品图片上传至QQ相册中，QQ好友就能通过自己的空间看见店主的最新动态，比如相册更新了图片，如果你的商品图片足够吸引人，QQ好友就会点击图片进行查看，直观的图片更加具有视觉冲击效果，同时也更容易引起好友的关注。当有人有意购买时，还可以在该图片下写下自己的购买意愿。如果顾客使用后，觉得商品不错，还可能会给你点赞并发表好评，当其他好友看见这些评论时，很容易关注你的店铺并成为店铺的粉丝。

（2）QQ群。

除了QQ相册，QQ群也是非常不错的吸引粉丝的方式。俗话说，物以类聚，人以群分。QQ群有很多，而每个QQ群都有它最鲜明的特色内容，有以读书为主的“读书群”、以吃喝玩乐为核心的“玩乐群”、以同城交友为目的的“交友群”等。QQ群更加能够明确粉丝的质量，因为店主在选择或建立QQ群时首先便是根据QQ群的性质去进行分类，或者是对开微信小店有相关兴趣，或者是群成员是从事各个行业的微店店主，还有就是结合店铺经营产品类型进行有目标地有效推广，进而获得更多粉丝。比如，你售卖的是童装，就可以加入一些妈妈帮QQ群等。

当然，各位店主在自己建立QQ群推广店铺之前，需要先聚集目标人群，与这类人群建立良好关系后，再向其推广自己的店铺，吸引他们的关注，使其成为自己的粉丝。如果你能够帮助别人解决问题就更好不过了，之后在适当的时候，委婉地向大家引荐自己的店铺，别人很容易接受。总之，QQ群是一个值得每位店主运用的推广工具，如果运用得好的话，它能让你的粉丝成倍地增加，而且这些粉丝都是高质量的粉丝。

2．微博

作为新兴的自媒体平台，除了微信公众号，微博同样是一个拥有庞大用户基础的社交平台，而且微博平台上有很多活跃用户，尤其是在发生一些社会热门事件时，微博便会沸腾起来，进而形成巨大的社会影响，所以微博的力量不容忽视。另外，微博有一个极大的优势，就是店主可以通过文字、音频、视频等多种形式直接在微博上进行推广，同时还可以发布长微博。

一般来说，店主若想通过微博涨粉，一般有两种推广方式：一种是建立个人微博，然后在自己的微博上进行信息推广；另一种则是去一些高人气的微博上进行评论和互动，或者是在带动起一定的人气后进行正式店铺推广，或者是将店铺链接粘贴到评论对话框中进行宣传，以此引起他人的注意，这叫“背靠大树好乘凉”。

如果店主选择第一种方式，需要多在推广内容上花些心思，各位店主可以多发表一些有质量的原创段子，或者是大家喜闻乐见的转帖，然后将推广信息或者店铺链接加入其中。店主最好不要硬性推广，也就是直接发布店铺推广信息，这样的硬广告很难让人接受。如果店主选择后者，依靠人气微博这棵“大树”，店铺的浏览率也会有较大提升，不过采取这种方式一定要做得自然巧妙，多进行互动，千万不要一上来就发一些硬广告，不但容易造成博友的反感，还容易被博主拉黑。

无论哪种推广方式，务必要做到内容足够吸引人，以此获得更多的人关注，进而将他们发展成为自己的粉丝。不过，这毕竟不是一两天就能做到的，需要一个循序渐进的过程，所以对于各位店主来说，坚持下去才是最重要的。

3．博客

相对来说，虽然博客没有腾讯QQ、微信以及微博那样强大的用户基础，但博客同样拥有着属于自己的功能特征和优势，它的力量一样不容忽视。前面提到的这些基本都是“小而美”的快捷交流平台，在互动高涨期间，交流信息可以说是飞速更新，各位的推广信息很容易不断被后推，最后淹没于文字的浪潮中（当然，这也正是由于用户众多的优势所造成的一个信息推广的负面现象和影响，对此，店主可以多发几次推广信息），而博客是各位店主的个人应用平台，推广软文在不被删除的情况下，放到上面可以永久保存下去，他人可以随时搜索到。

各位店主可以将微店的商品信息巧妙地结合到软文或者文章中发布到博客上，如果有人关注你的博客，就会看见你发布的商品信息。博文看上去显得更加专业一些，容易吸引到相关领域的博友进行关注。不过，和微博一样，博客内容要想吸引粉丝，同样需要多下功夫。

4．其他网络资源

除了以上提到的几种社交平台，还有一些其他网络推广资源可供各位店主选择，比如贴吧、论坛等。店主可以在这些平台上发布一些有关微信小店的推广软文，然后将店铺链接粘贴上去。这种方式类似于博客的推广，如果有人关注到你发布的内容，甚至是对微店或商品感兴趣时，就可以直接点击链接进入店铺，进而提升店铺的点击率和粉丝数量。

以上就是几种比较常见的店铺推广社交平台，相信各位店主可以从中看出，每个社交平台都有自己的特点和独特优势，具体哪一种社交平台比较适合自己，或者说吸粉的效果更好，就需要店主在实际操作中自己去摸索和总结，重要的是要结合平台的特性进行合理运用，这样才能收到最佳推广效果。

总之，推广微信小店的原则便是以吸引人们关注、提升粉丝数量为目的，各位店主完全可以在多种社交平台上同时进行店铺推广，综合运用，相信一定能够为店铺带来可观的粉丝数量和人气。

给粉丝提供最好的服务

在移动互联网时代，粉丝意味着什么？它不仅能为微店带来更多的财富，同时也是打败竞争对手的核心武器。作为微信小店的“生命血液”，粉丝可谓是店铺生存与发展的源动力，没有粉丝，店铺毫无未来可言，相信很多店主已经意识到了这一点。这种情况导致很多店主一味地追求粉丝的数量，却忽视了对粉丝的培养以及粉丝质量的追求，使得店铺的粉丝群并没有像自己期望的那样，为店铺带来更多的利润，甚至有些粉丝转身而去，成为了其他店铺的粉丝。

产生这一现象的关键原因就是店铺没有和自己的粉丝建立起良好的关系，进一步说，就是店铺没有为自己的粉丝提供最好的服务，没有满足他们的全部需求。即使店铺曾经拥有了庞大的粉丝数量也于事无补，最终还是导致粉丝的大量流失。所以，各位店主要想留住粉丝，就得维护粉丝——为粉丝提供最好的服务，赢得他们的心，这样粉丝才会忠实于你的微信小店。

店铺为粉丝提供的服务内容包括很多，下面为大家介绍几个常见的服务内容。

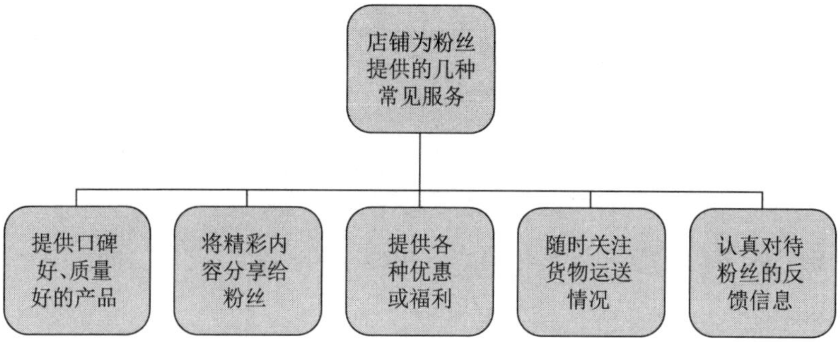

图 5-6　店铺为粉丝提供的几种常见服务

1. 提供口碑好、质量好的产品

产品是最基本的服务，其他的后续服务也是围绕产品进行的，没有人会拒绝质量好的产品，对于新粉丝来说，关注最多的就是产品的质量。如果店主能够抓住这一点，给粉丝提供口碑好、质量好的产品，当粉丝使用后发现效果不错，很容易产生二次购买意愿。

在这方面，在微信小店上销售“精品水果”的张裕便是典范，他给自己的店铺定位便是精品水果，专门销售那种罕见又好吃的水果给自己的粉丝。在每次进货时，张裕和自己的合伙人都会亲自品尝一番，水果绝不会出现质量问题。正是凭借“将最好的水果提供给自己的粉丝”这一经营理念，张裕最终闯出了自己的一番天地。

随着粉丝对店铺的认可度以及对店主信任度的增加，会逐渐成为店铺的忠实粉丝。所以，为粉丝提供好服务的前提就是为粉丝提供口碑好、质量好的产品，这是留住粉丝的基础和关键所在。

2. 将精彩内容分享给粉丝

微信小店在通过一些社交平台的宣传推广后，必然能够获得一定数量的粉丝，但是这并不意味着推广工作的结束。为了持续增加粉丝对店铺的黏度，各位有必要继续好好地经营现有的粉丝。

除了日常所需的推广和互动，各位店主还可以定时定量地转载一些大家喜闻乐见的精彩内容分享给自己的粉丝，比如热点新闻、幽默段子、生活常识、精彩故事等，这些精彩内容可以增进店铺与粉丝之间的感情，有效维护粉丝，各位店主千万不可小觑。

3. 提供各种优惠或福利

大多数人都有占“小便宜”的心理，对于广大粉丝来说，店铺的福利是最令他们感到开心的福音。店主可以充分利用粉丝的这一心理，与粉丝建立起良好的关系，进而维护住粉丝。

对此，店主可以在粉丝进店消费之后，适当地向粉丝提供一些优惠或者福利，比如赠品、打折或优惠券等，以此“讨好”粉丝。正所谓“礼多人不怪”，没有粉丝会把一个为自己带来福利的店铺拒之千里的。

4. 随时关注货物运送情况

很多店铺在粉丝下单并完成付款后，就感觉粉丝已经付完账了，不需要再对他太上心了，甚至认为为粉丝提供的服务就此完结。其实，这才是服务的开始，虽然你为粉丝提供了他想要的产品，但粉丝还没有拿到货物，甚至使用效果如何还未可知，各位店主要想保证粉丝能够成为自己的回头客，就要将服务进行到底。所以，店主还需要时时关注货物的运送情况。当粉丝或粉丝询问时，各位便可以将订单情况详细告知对方，让其放心，而他们也能从中感受到你的热心服务。

5. 认真对待粉丝的反馈信息

随着店铺规模的逐渐扩大以及粉丝数量的增多，日常经营中难免会出现更多的问题，粉丝向店主进行抱怨、投诉等信息反馈在所难免，比如发货速度慢、服务态度不好、产品效果不好等，这些反馈信息能否得到及时解决和处理，是维护粉丝关系的重要内容。因此，各位店主一定要认真对待粉丝的反馈信息，及时拿出具体措施进行处理，而且面对不同问题以及不同性格的粉丝，也要按具体情况具体分析，最终做到令粉丝满意，这样粉丝才会继续光顾你的店铺。

总之，店铺务必要善始善终地将最好的服务提供给自己的粉丝，这是店铺发展的核心工作。如果你发现自己店铺的客流量越来越少，销量越来越低，甚至出现了闭店关门的危机境况，就需要好好地进行自我检讨了，认真反省一下自己哪方面服务没有做到位，才导致粉丝大量流失的，找到原因后，对症下药，及时转变不利局面，让自己的店铺脱离困境。当然，没有哪位店主想要走到这一步，所以，最重要的还是要在日常经营中就将每一项服务工作做好，让店铺永远走在上坡路上。

线上线下，随时互动

移动互联网时代，只要你敢想敢做，一切都会变成可能。尤其是微店作为新型行业的崛起，圆了无数想要创业的仁人志士的梦。通过手机，你就可以开微店，而获得粉丝的渠道也是非常多的，比如微博、微信等，这些社交平台都可供你选择，通过多渠道发展你的粉丝，也可以通过社交平台与粉丝进行互动、交流。通过互动，让粉丝更了解你，认可你，甚至为你免费做推广，而你更清楚粉丝的真实需求，提供粉丝真正所需之物。这种新兴的O2O营销模式用在微店也同样适合。

站在微店营销的角度来看，O2O就是将自己朋友圈里的人发展成为粉丝，再将粉丝转化为买家的过程。店铺的粉丝不但可以帮助微信小店的产品做免费宣传，同时还能为店主节省一笔不菲的推广费。所以，店主开微店可以运用O2O营销模式，搭起线上线下沟通平台，与粉丝互动，以此拉近彼此的距离。

微店向粉丝输送的是情感和利益，与粉丝进行线上线下的互动，不但扩大了粉丝的规模，还增加了店铺的曝光度，吸引更多的粉丝来关注微店，甚至成为店铺的忠实粉丝。在移动互联网时代，人人都可以是自媒体，只要你选定好产品的品牌，总会有拥护此品牌的粉丝，他们大部分会成为店铺的忠实粉丝。

有一个微信号叫“niena57134604”，它的主人是在一家医院上班的护士，随着儿子的出生，压力也随之而来，于是她开始想着做点其他事情增加收入。她曾经摆过地摊、做过童装，但效果不佳。后来发现朋友圈里的朋友售卖的大多是美容方面的商品，她开始思考，自己的朋友圈大都是妈妈帮，他们肯定会对化妆品感兴趣，而自己本身就是护士，有一定的美容知识。最后，经过观察与研究，她决定售卖南娜皂。

刚开始，她是在朋友圈每天定时定量地发布商品信息，但没有几个人买，她坚持每天发送，最终迎来几个订单，她对每个订单的顾客都会进行互动，询问使用的效果如何，再将顾客的反馈信息上传朋友圈。渐渐地，关注她的朋友越来越多，大家都愿意购买她的商品，但大家询问的问题也会越来越多，比如“顾客使用南娜皂出现过敏”等问题，她都会在微信上与大家进行互动、交流。有时候，她还会进行几次关注微信“抢红包”的活动。

随着生意越来越火，她开始考虑招代理（分销商），对代理人开展培训，在线与他们共同讨论如何将产品售卖给顾客等，共同将南娜产品越做越好。随着粉丝越来越多，她决定举办“同城聚会”，与粉丝共同讨论如何针对不同皮肤问题挑选适合自己的皂类。通过互动，粉丝更了解她以及南娜产品，成为了她的忠实粉丝，为她免费做推广。短短半年时间，她的粉丝已高达20万。

对于店主来说，什么最重要，答案就是粉丝。即使你不知道自己售卖什么，但只要你拥有了大量的粉丝，通过互动，你就会了解粉丝的真实需求，然后再售卖给粉丝所需之物。要想将粉丝发展成为自己的忠实粉丝，就要通过各种社交平台与他们进行互动与交流。不仅如此，线下也要开展活动，比如同城聚会等，与粉丝进行互动、交流，共同分享彼此的情感和体验，以此牢牢抓住他们的心。这样一来，微信小店一定会获得意想不到的收获。

移动互联网时代，拥有强大的粉丝群是获得成功的基础。而与粉丝进行线上线下的互动，是将现有的粉丝群体发展成为忠实粉丝最直接、最有效的方法。有了忠实粉丝的支持，相信各位店主的微店发展之路会越来越顺畅。

深度挖掘粉丝的潜在价值

移动互联网时代，利用粉丝经济而获得成功的商家不胜枚举。粉丝群体为商家带来的经济效益是巨大的，小米如此，哈爸也如此。他们身上有一个共同的特点，那便是粉丝对他们产品拥有强烈的兴趣，愿意为他们的产品买单。除此之外，粉丝能为店主提供的价值还有许多，这就是粉丝的潜在价值。小米和哈爸正是发现了粉丝身上的这些潜在价值，才最终获得了巨大的成功。

那么，粉丝身上都有哪些潜在价值呢？店主们又该如何利用这些价值呢？接下来，我们就来一起探讨。

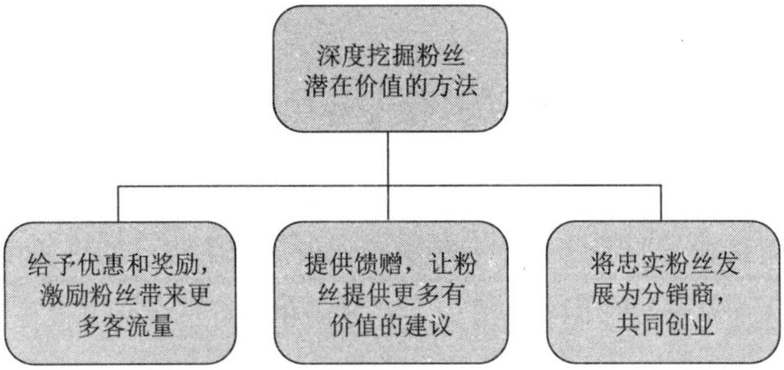

图 5-7　深度挖掘粉丝潜在价值的方法

1. 给予优惠和奖励，激励粉丝带来更多客流量

很多店主为了扩大自己的粉丝群体，花费了大量的精力和金钱去做推广，结果效果不佳。与其这样，还不如把精力和金钱花在经营粉丝以及提高用户体验上。如果粉丝从中享受到不错的服务，他们就会将自己的良好体验告诉身边的人，不仅能增加店铺的客流量，也会取得不错的宣传效果。

当然，为了激发老顾客为店铺带来更多客流量，店主可以给予老顾客一定的优惠和奖励。比如，各位可以根据老客户购买商品的数量，给予一定的优惠和折扣；顾客一次或多次购买商品积累到一定的数量时，店铺给予相应的优惠，具体优惠方式可以是给予顾客打折，或者提供赠品。这样一来，通过他们的口碑传播，就会为店铺带来大量的潜在客源。虽然给予顾客优惠和奖励，会导致店铺所得利润减少，但这和店铺付出的推广费相比，要少很多。

另外，既然老顾客为店铺带来了大量的客源，作为回报，店主也可以根据老顾客带来新客源的数量给予相应的奖励。比如带来10位新客户，可以成为店铺会员，购物即可享受8折优惠等。通过给予顾客优惠和奖励，不但可以提高老顾客的忠诚度，还能激励他们为店铺带来更多的客源。

2. 提供馈赠，让粉丝提供更多有价值的建议

一般来说，当你把粉丝培养成自己的忠实顾客后，他们会不断光顾你的微店，任其他店主采取任何营销手段，也很难撼动他们。

当你拥有一个稳定的粉丝群体后，意味着你的店铺拥有了稳定的收入，这个是可预见的粉丝价值。但粉丝的价值不止这些，他还会为你提供更多。比如很多店主在经营微店时，通常会因为售卖的商品不走货等原因出现各种问题，这时候，老顾客一定会在身边鼓励你，支持你，甚至会为你提供有价值的建议。

如果你接受了粉丝的建议，不断完善店铺，一定会取得不错的销售成绩。这些收获有粉丝的一半功劳，作为回报和感谢，你也应该向他们提供馈赠。馈赠可以是礼物，也可以是微信小店的会员卡等。只有这样，他们才会始终如一地支持你，并为你提供更多有价值的建议。

3. 将忠实粉丝发展为分销商，共同创业

实际上，忠实粉丝除了能为店铺带来更多的客流量、稳定的收入和有

价值的建议外，还有一个更大的价值可以挖掘，那就是把他们变成自己的分销商。有了分销商，店主们就不用一个人单打独斗了，可以利用分销商为店铺带来更多的销量。

如果店主帮助他们自立门户，他们就会把这件事当成自己的事业去做。店主和粉丝的利益捆绑在一起，有钱大家一起赚，店铺将会更加发展壮大。

获取粉丝很重要，但懂得挖掘粉丝的潜在价值更重要。粉丝不仅会为你的微店带来稳定的收入，还会主动帮你做宣传，大幅度提高店铺的客流量，甚至还会为你提供有价值的建议。粉丝更大的潜在价值，是将其发展成为自己的分销商，将彼此的利益捆绑在一起，共同为店铺谋求更大的发展空间。

第六章

充分互动，做一个有温度的品牌

营销界有这样一句话，“无粉丝，无品牌”。小米成功的秘诀就是“参与感”，让粉丝参与到品牌建设中来，粉丝会因为自己的参与，进而对品牌产生强烈的认同，并形成良好的口碑营销，品牌便由此塑造起来。

对微信小店来说，更要与粉丝充分互动，让粉丝参与到店铺的品牌建设当中，通过粉丝的支持，做一个有温度的品牌。

情感交互：营销和商业的本质都是让人性回归

进入移动互联网时代后，世界真正进入了万物皆可互联的状态。新一代互联网是建立在物联网基础上的，我们把这种互联网形态称为"大互联"，这是一种人与人或人与物随时随地在线互动的存在形式。

互联网的发展让互动变得更加高效，以智能手机为代表的移动互联，开始在真正的物联网时代盛行。英国作家查尔斯·狄更斯曾在《双城记》中写过这样一句话：这是最好的时代，也是最坏的时代。把这句话放在移动互联网时代也极为合适。在这个时代，我们通过手机便可开店，利用微信即可与顾客边聊天边做生意。这种情感交互，实际上就是营销和商业的本质：回归人性。

互联网是一个网状结构，没有中心节点。该技术结构决定了它的内在精神——去中心化、分布式和平等，其中平等是互联网最重要的基本原则。在这个网状结构里，"个体"和"企业"的价值，是由连接点的广度和密度决定的。也就是说，你的连接越广越密，你的价值就越大，这也是信息化社会的基础特征。

你的信息含量直接决定你的价值，因此开放就成了生存的必要手段。如果你不开放，就无法获得更多的链接，也就无法获得更多的粉丝。

实际上，互联网商业模式是建立在平等、开放基础之上的，这也是互联网思维必然的特征。平等、开放意味着民主，也意味着人性化。从这个意义上来说，互联网经济是真正的以人为本的经济，是一种人性的回归。最重要的是，它让营销和商业真正回归人性。

移动互联网时代，传统销售和传播环节已经变得不那么重要，企业将直接面对消费者。消费者不再是被动接受，而是反客为主，拥有了消费主权。这时企业已经不能再像过去那样向消费者倾销自己的产品和服务，然后根据市场反馈进行调整，而是必须以更廉价的、更快的方式以及更好的产品与服务来满足消费者的需求。“顾客是上帝”已不仅仅是一种终端服务概念，而是整个设计、生产、销售链条的原则。这个时代的商业思维是一种民主化的思维，顾客成了媒介信息和内容的生产者和传播者。

在这个时代，我们可以实现自己的梦想，而成就我们梦想以及微店品牌的，却是来自移动互联网另一端的庞大粉丝群体，粉丝即是我们的顾客。众所周知，粉丝蕴含着巨大的商机，很多微店牛人，无不是借助 “台风”取得辉煌成就，这股“台风”不仅包括行业大势，还有粉丝的广泛参与，即粉丝互动。

我们可以通过手机轻松开店，利用微信、微博等社交平台来链接一些客户端的粉丝人群。通过彼此的互动交流，建立起一个信任的关系。基于这种信任，订单才会纷至沓来。

为了快速获取订单，各位店主需要通过各种社交渠道与粉丝进行沟通。通过沟通，粉丝了解你、认可你、信任你，进而促使粉丝进入你的微信小店消费。粉丝就是顾客，你积累的粉丝越多，你的顾客就越多，微信小店的生意才会兴旺。

达成这一目标的前提是与粉丝互动，与粉丝做朋友，真正站在粉丝的角度，为他们着想，而不是仅为一己之私。移动互联网时代是互利共赢的时代，不是单靠个人努力即可成功，而是依靠与别人合作获得成功。我们把顾客当作合作伙伴，充分满足他们的需求，他们自然也会给予我们回报，这就是“要想得，必先舍”。但仅靠这些还远远不够，同时还需要我们多与粉丝进行互动，建立情感基础，把顾客发展成为店铺的忠实粉丝。只有这样，我们才能留住顾客，挖掘顾客的潜在价值，为我们带来更多的回报。

微信作为社交平台，很多人都在使用它。人们通过微信与他人进行沟通交流，微信是链接人与人之间的一种聊天工具。其中，朋友圈是微信中一种非常重要的功能，很多人都喜欢将好的商品或文章分享到朋友圈。由于朋友圈中都是自己的亲朋好友，以信任为背书，所以信息传播速度非常快，而且朋友推荐的商品很容易被人接受。

有些店主在朋友圈疯狂刷广告，这种做法有点欠妥。频繁刷屏的后果，很可能会引起朋友的厌烦，甚至将其屏蔽，这是相当伤感情的。店主为了获得流量和顾客，要把微信当作连接彼此的纽带，多与粉丝进行情感互动，而不是把微信当成生意的主战场。有了感情做基础，才会有生意可谈，这就是营销和商业的本质——人性回归。

参与感：品牌是企业与粉丝的“合谋”

品牌的建立取决于粉丝，品牌的维护同样取决于粉丝，品牌与粉丝之间的互动也成为企业的一种经营能力，似乎到了无粉丝无品牌的地步。有人说，品牌是企业和粉丝的“合谋”，这句话是很有道理的。小米深谙此道，所以他成功了。

可以说，小米很“狡猾”，因为他高度重视“用户参与”的理念。“用户参与”的理念，倒逼自己的员工最大限度地听取粉丝的意见和建议，倒逼他们把产品和服务做得更好。当用户的热情被极大地激发后，他们就会对产品有更大的期待，这样一来，即使公司没有下命令让他们做得更好，用户的热情也会督促他们将事情做到更好。

在过去，想要塑造一个品牌，很多企业会找媒体或者供应商“合谋”，但却恰恰没有去找用户“合谋”，因为他们未曾想到粉丝能够带来更大的成功。小米最大的成功则在于兜售参与感，让用户积极参与互动，这种做法成功地塑造了一个有温度的品牌。

懂得这一点的不仅仅是小米，还有红谷皮具。红谷皮具的用户思维，成就了其在该行业内的领导品牌。

以文化为底蕴，似乎已经成为时尚奢侈品牌的共同追求。很多企业品牌常常为自身的文化底蕴绞尽脑汁，而红谷从不为品牌的文化底蕴苦恼，因为它的品牌文化底蕴与生俱来。红谷不但将品牌文化设计成“高大上”风格，而且还不遗余力地与消费者进行全方位、深层次的交流，鼓励广大粉丝参与到品牌建设当中来。

在品牌建设方面，红谷一直以消费者为中心的“用户思维”，已经根植到品牌的每个细节中。作为一个时尚品牌，红谷明白“粉丝经济”的核心就是互动和分享。在互动中产生话题，在分享中进行二次传播。在“粉丝经济”的运作上，红谷有自己的一套模式，所以它才能拥有并创造400万粉丝的傲人成绩。

2014年7月，红谷举行了盛大的“12周年店庆大促”活动。在大促之前，红谷将自有粉丝和品牌代言人陈数的粉丝进行了整合，在整合后的粉丝群里，发布了十几款新设计的产品图。如果有粉丝对这些设计图提出意见，并且这些意见能够得到其他粉丝的赞同，那么红谷就会采纳并给予奖励。

另外，红谷发现粉丝群中绝大多数人都是时尚达人，便发起“众筹”创意，粉丝可以自行设计产品。当某个粉丝设计的产品点赞和订购超过一定数量时，红谷就会采纳并给予奖励。

在整个活动过程中，红谷的设计师们都会认真听取粉丝的建议。即使粉丝提出一些微小细节方面的改进，只要合理，红谷都会接受，这让粉丝拥有很强的参与感。粉丝们对自己参与设计的产品感到非常兴奋，大都表示会多买几件送给自己的亲朋好友，让他们也使用自己亲手“设计”的包包。

产品出来后，很多粉丝不但购买自己“设计”的包包，而且还发动身边的亲朋好友都来购买，以分享自己的设计成果。红谷举行的这次大促，获得了意想不到的成功，半个多月的时间，新产品便以全国终端销售额破亿元的成绩，取得了“出场即出众，登场即登峰”的可喜成绩。

实际上，不管是明星还是产品品牌，对粉丝产生的最大功用就是角色代入。对于任何一个企业或个体来说，粉丝很重要，有粉丝才会有品牌。在品牌建设中，若能够让粉丝参与其中，粉丝就会因为这份参与感，对品牌产生强烈的认同。这种认同感会让粉丝爱上参与的品牌，而且这种热爱会更持久、更有力。

移动互联网时代，品牌不仅是产品和口碑的合谋，更是消费者品位的聚合和个性的投影。纵观所有品牌产品，无不是打破传统模式，在品牌和产品上下足功夫，以“用户思维”不断改造产品和服务，最终成为互联网经济中的佼佼者。

微信小店的品牌同样需要各位店主与粉丝上演“合谋大戏”，培养粉丝的参与感，最终成功打造微店品牌。

及时互动，畅通互动渠道

当今社会，人与人之间的交流和互动逐渐从面对面的言语交流转向网络沟通，尤其是越来越多地体现在社交平台上。对于经营微店的店主来说，与顾客互动的工作基本上全是依靠移动设备来完成。作为微店的一种，微信小店同样需要借助社交平台和粉丝建立联系，并且要让参与互动的粉丝都能感受到它带来的乐趣。

其实，店主与顾客互动的过程，就是不断将自己的朋友发展成为顾客，最后再将顾客培养成为忠实粉丝的过程。粉丝有需求时，店主如果能够及时与粉丝互动，畅通互动渠道，不仅有利于形成订单，还能让他们为店铺的商品做免费推广。

与顾客的互动如此重要，各位店主该如何与顾客及时互动，畅通互动渠道呢？

1. 利用微信进行线上沟通

微信拥有庞大的用户基数，很多人都使用微信进行交流、沟通，我们可以将它当作一个社交工具。当然，与顾客交流的社交平台有很多，除了微信，还有微博、博客等。不过微信拥有自身的互动优势和广泛的用户基础，而且具备规模庞大的活跃粉丝，可以说，微信是微信小店的第一互动渠道。

当顾客进入店铺后，如果他有很多问题需要咨询，就可以选择联系客服，或者直接与店主进行交流。店主可以与粉丝在线互动，快速回答粉丝提出的问题，解决粉丝的心中疑惑，进而促使粉丝完成交易。

当然，这只是售前咨询，其实店铺与粉丝进行沟通的话题有很多，除了咨询方面的问题，还可以是售后问题，比如商品有质量问题或者粉丝未收到货时，粉丝都可以直接与店主在线联系，向店主反馈售后问题。店主经过调查后，再通过微信以语音或者文字的方式与粉丝沟通，解决粉丝提出的问题。只要与粉丝沟通到位，一般都能够让粉丝满意。

店主通过微信与粉丝进行互动的方式也有很多，比如可以发起群聊，以一对多的方式交流，这是非常不错的一种方式。如果有什么促销活动，店主也可以通过微信进行有针对性的群发，非常便于店主和粉丝之间的互动。

2. 利用自定义回复进行线下互动

如果店主不在线，无法与粉丝及时互动，也可以利用微信公众号的自定义回复功能，帮助店主及时完成与粉丝互动，畅通互动渠道的任务。

有粉丝很重要，与粉丝互动更重要，但是一个人的精力和时间毕竟有限。店主不可能不眠不休地拿着手机一直和粉丝在线互动，像“守株待兔”一样随时等待粉丝的光临。既然店主不能一直在线，那么当店主不在线时，粉丝有互动需求该怎么办？

这个时候，店主可以通过微信公众号设置自动回复功能。这项功能操作极其简单，而且能让粉丝获得良好的体验，同时非常有趣。既能够吸引粉丝的眼球，还可以帮助店主解决不在线时粉丝的互动需求，可谓一举两得。

利用自定义回复与粉丝进行互动，“浙师大订奶团”可谓是将其发挥到了极致。

一般来说，只要店主设置好自动回复内容，当粉丝进入店铺，就会收到自动回复的内容。当粉丝有什么疑问或者需求时，可以按照内容的提示，回复某个关键词，系统便会自动弹出相应的内容。有了自定义回复功能，即使店主不在线，顾客也可以了解到自己想要知道的相关内容，在一定程度上避免了店主无法与粉丝及时互动而导致粉丝流失的情况发生。

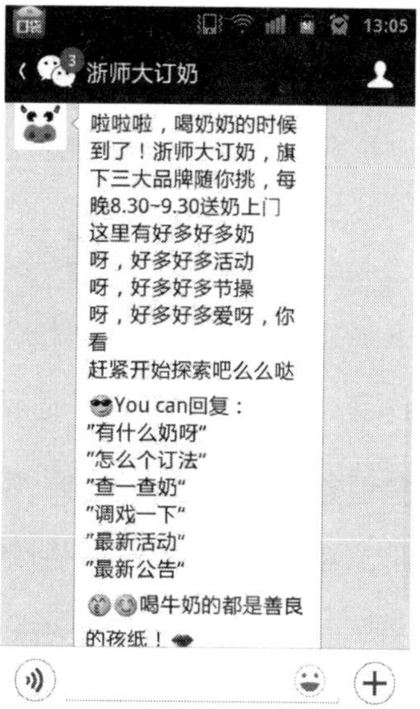

图 6-1 “浙师大订奶团”自动回复欢迎语

店主通过微信与粉丝进行线上互动，利用自定义回复与粉丝进行线下互动，基本可以做到及时沟通，畅通互动渠道，但店主仅做到这些还远远不够。店主不在线时，虽然利用自定义回复可以满足粉丝的一部分需求，但自定义回复的内容毕竟不能切实解决粉丝所有的问题，因此店主还要处理后续工作，更好地解决这些问题。

(1) 每天定时检查粉丝的留言情况。

当店主不在线时，粉丝进入店铺后，通过输入关键词，大致了解了他想知道的相关问题。但他想知道的其他问题，却不能得到有效解决。这时他已对店铺产生了兴趣，想要进一步了解，于是留言提出问题。店主上线以后，就要及时查看粉丝的留言，对粉丝提出的问题及时回复，让粉丝得到满意的答案。

(2) 每周抽出固定时间与粉丝互动。

当店主不在线时，粉丝有互动需求，并以留言的方式提出问题。店主看到后，若没有时间一对一进行交流和沟通，可以每周抽出一个固定的时间和粉丝互动，针对粉丝提出的各种问题，集中给予回复，以此解除粉丝心中的疑惑。不过，如果对方是新粉丝，店主还是要及时回复，或者抽时间优先回复，这样可以有效防止顾客流失。

(3) 定期更换自定义关键词。

店主设置自定义回复，主要是解决店主不在线时与粉丝的互动问题。自定义回复虽然也是一种互动，但由于不同粉丝有不同的需求或问题，店主若想真正和粉丝进行有效互动，就要定期更换自定义关键词内容。

比如，店主可以参照某段时间内不同顾客提出的频率比较高的相同问题自定义回复，这样就能及时解决顾客提出的普遍问题。对于其他差异化问题，店主就要抽出时间单独处理。

总之，无论店主在线与否，只要顾客有互动需求，店主就应该充分满足。畅通互动渠道，这在很大程度上不但能够提高用户体验，还能吸引大量潜在粉丝的关注。这些潜在粉丝若能得到及时引导，极有可能会发展成为你的忠实粉丝。

不忽悠，给出最中肯的建议

现实生活中，顾客去实体店购买商品时，由于对商品了解得不多，难免会向店主咨询。有些店主就会借此机会向他们推荐一些积压品，对商品的性能夸大其词，诱骗顾客购买他所推荐的产品。这种做法或许能骗得了顾客一时，却骗不了顾客一世。当顾客明白过来后，就会对店铺及推荐的产品失去信任，转向其他店铺购买商品。更重要的是，店主最终失去的不仅是这位顾客，还有这位顾客身后庞大的人际网以及店铺的品牌信誉。

作为微店的一种，微信小店的第一批顾客都是从朋友圈里发展起来的，以后的顾客还有朋友的朋友，他们都是由于信任店主这个人而购买店主的产品。一旦店主失去粉丝的信任，朋友都做不成，何谈生意。

除了朋友圈的朋友，店铺的顾客大多是来自社交平台的陌生顾客群体。面对陌生顾客，店铺的首要任务就是与他们建立信任关系，这一点很重要。那么，信任关系是怎么建立起来的呢？其实就是从向顾客推荐产品做起，实事求是地了解顾客的需求，提供顾客所需要的产品。如果顾客不懂，店主也不能借机进行忽悠，而是要给出最中肯的建议。这样才能取得顾客的信任，使其渐渐发展成为你的忠实顾客。

在与顾客互动时，该从哪些方面入手给顾客提供建议呢？

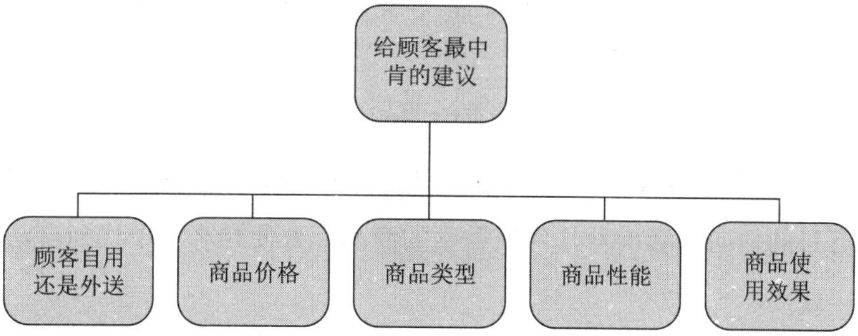

图 6-2　给顾客最中肯的建议

1. 顾客自用还是送人

一般来说，顾客购买商品的目的有两种，一种是自己使用，或家庭成员使用；另一种是赠送亲朋好友、同事。顾客的购物目的不同，需求就会千差万别。

店主在与顾客进行交谈时，首先要询问顾客是自用还是送人，然后才能更精准地推荐顾客选购的商品。

2. 商品价格

不同的顾客，消费能力存在差异，如果你推荐的商品价格太高，很多顾客会因为难以接受而无法形成订单。店主若想让推荐的商品得到顾客认可，就要与顾客做好充分地互动，仔细询问顾客想要购买什么价位的商品，进而了解顾客能够接受的商品价格范围，然后再向顾客推荐几种商品，让顾客从中去选择，这样更容易与顾客达成交易。

3. 商品类型

萝卜白菜，各有所爱。每个人的性格、爱好不同，其购物的需求自然就会有很大的差异。各位店主切不可根据自己的眼光向顾客推荐商品，或者盲目地向顾客推荐热销货。

即使再好的商品，如果你推荐的商品不是顾客的“菜”，顾客也是不会喜欢的。在推荐之前，店主一定要主动询问顾客喜欢什么类型的商品，然后有目的地向顾客推荐几件该类型的商品，方便顾客从中找到自己想要的那一款。

4. 商品性能

实际上，不管是男性顾客还是女性顾客，他们购买商品的最终目的都是商品的使用价值，也就是说，购买的商品能够给他们带来方便。比如九阳豆浆机，不但可以煮豆浆，还可以煮粥。顾客购买商品，也会在意商品的性能，只不过有些顾客喜欢多功能的商品，有些顾客喜欢单一功能的商品。顾客到底喜欢商品具备哪些性能，这需要店主与顾客进行良好的沟通。有了充分的沟通，店主再向顾客推荐他们想要的商品。一般来说，只要商品符合他们的需求，他们最终都会选择下单。

5. 商品使用效果

有些店主为了将自己的商品销售出去，会将商品的使用效果说得天花乱坠。很多轻易相信的顾客被店主忽悠并购买，结果有些商品虽然有一定的功效，但效果却是短期的。比如使用美白产品后，当时有美白效果，但过几天效果就没了。出现这种情况，势必会导致顾客对店铺产生不信任。

若顾客确实对某产品有需求，店主一定要告知顾客产品的真实情况。真诚的服务才能增强顾客对店铺的信任，使其成为店铺的忠实顾客。

另外，每个顾客预期的使用效果不同，各位店主一定要询问顾客需要什么效果，或者帮助他们解决什么问题，以便评估推荐给他们的商品是否能满足他们的需求，这样才会加快顾客下单速度，提高成交率。

无论店主经营什么种类的产品，最终是要将产品售卖给顾客。顾客作为产品的使用者，产品好不好，能不能为他们带来预期的效果，这都关乎顾客是否还会再次光临小店。如果店主靠忽悠诱使顾客购买商品，是无法达成这一目的的。

为了小店的长远发展，店主最好与顾客充分互动，了解顾客的真实需求，然后再推荐相应的产品，提出最中肯的建议，这才是培养双方感情，建立信任关系，成就“温度品牌”的关键所在。

只有一个忠告：互动不是硬推销

日常销售中，很多店主与顾客互动时，常常会开门见山地向顾客推荐商品，结果顾客不买账。面对这种情况，店主不免陷入困惑：顾客心里到底在想什么，为什么他们不下单呢？

其实顾客确实是来购买商品的，但由于店主与顾客的互动方式不当，导致顾客反感，因而迟迟未肯下单，甚至是放弃消费。

其实，不管店主采用何种方式与顾客互动，都要牢记一点：互动不是硬推销！那么到底什么样的互动才是有效的呢？在进行详细说明之前，我们先来看一则小故事。

有个老太太去买菜，途中路过四个水果摊。这四家摊贩卖的水果都差不多，但是老太太并没有在最先路过的第一家和第二家购买水果，而是在第三家买了一斤苹果，在第四家又买了两斤苹果和一斤橘子。这到底是怎么回事呢？

老太太来到第一家摊主面前，问："苹果怎么样啊？"摊主回答："我家的苹果特别好吃，又大又甜！"老太太摇摇头就走开了。

老太太来到第二家摊主面前，问道："你家的苹果是什么口味的？"摊主有点措手不及，忙回答："早晨刚进的水果，还没有来得及尝。不过从这红润的表皮来看，苹果应该很甜。"老太太二话没说，扭头就走。

第三家摊主见状忙问：“老太太，你要什么样的苹果，我这里的苹果种类很全，有酸有甜，还有脆的。”老太太说：“我想买口味酸点的苹果。”摊主接着问：“我给您拿的这种苹果就是口感比较酸的，请问你要多少斤？”老太太说：“那就来一斤吧！”

这时老太太看到第四家摊主的水果，接着询问：“你家的苹果怎么样啊？我想要口感酸点的苹果。”摊主回答：“一般人都喜欢购买口感甜的苹果，您怎么会专门购买酸苹果呢？”老太太笑着说：“我儿媳妇怀孕了，想吃酸苹果，我要给她买一些。”摊主忙夸道：“老太太，您对儿媳妇真是体贴啊，将来您的儿媳妇一定能给您生一个大胖孙子。”

摊主又接着说：“前几个月，我这有两位顾客都要生孩子，经常到我这买水果，结果这两家都生了儿子，您想要多少？”老太太听了这些话，很高兴地说：“是吗？那我再来两斤吧！”

摊主没有放过这次机会，又向老太太介绍其他水果，“老太太，这橘子也非常适合孕妇吃，口感比较酸，而且橘子富含多种维生素，非常有营养。您要是给媳妇儿再买点橘子，她肯定高兴！”

老太太说：“是吗？那我就来三斤橘子吧！”

摊主说：“您人可真好，您儿媳妇摊上您这样的婆婆，真是太有福气了！”

老太太被摊主夸得非常开心，说：“要是水果很好吃，赶明让我邻居也到你这里买。”

最后，老太太提着水果，心满意足地回家了。

从这个故事不难看出，互动不是硬推销，而是通过与顾客进行充分交流和互动，探究顾客的真实需求，进而完成交易。

第一家摊主的做法就属于硬推销，光说自己的产品有多好，却忽视顾客的真实需求，因而无法与顾客达成交易。

第二家摊主未与顾客进行深层次的交流，沟通不到位，因而丧失订单。

第三家摊主虽然满足了顾客的需求，并与顾客最终达成了交易，但由于没有深挖顾客背后购买产品的原因，因而无法与顾客达成更多的交易。

第四家摊主与顾客的交流很到位，促使顾客不仅痛快下单，而且还创造了顾客再次光临的机会，甚至还要免费帮摊主宣传。

你愿意像上面故事中哪家摊主学习呢？相信大家都喜欢第四家摊主的互动方式。那么，我们在实际运用中应该如何做才能取得较好的效果呢？下面为大家介绍几种吸引顾客的促销活动以及应对不同类型顾客的方法，以供参考。

1. 吸引顾客的促销活动

各位店主可以适当开展一些吸引顾客的促销活动，这些都能够实现与顾客之间的有效互动，促使顾客下单。

（1）限时限量。

限时限量通常是很多商家惯用的一种促销手段。如果店主偶尔进行几次限时限量促销的活动，拿出几件热销品进行促销，相信一定会有不少顾

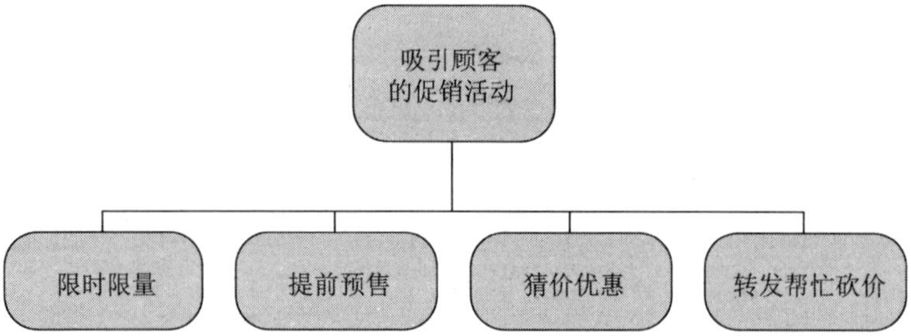

图 6-3　吸引顾客的促销活动

客前来抢购。

（2）提前预售。

预售也是一种常用的销售手段。当店主准备新进一批货时，可采用预售的方式：提前告知顾客预定的原因。比如店主经营的是水果，那么为了保证水果的新鲜度，需要提前预定，根据大家的需求进行采摘。这种促销方式，会调动大家的积极性，收到良好的预售效果。

（3）猜价优惠。

猜价优惠不仅是一种有趣的互动方式，还是一种吸引顾客的促销方式。店主可以通过猜价的方式，给予顾客一定的优惠，吸引顾客积极参与活动，最后促成交易。

（4）转发帮忙砍价。

店主可以开展“转发帮忙砍价”的互动活动，以调动顾客的积极性，让所有顾客参与其中。通过顾客转发“帮忙砍价”，让顾客的朋友参与活动，不但能够帮助顾客购买到低价商品，还能提高店铺的曝光率，吸引更多的顾客前来购买。

这些促销方式在一定程度上能够有效帮助店主调动顾客的积极性，激发顾客购买，比硬推销的效果要好很多。

2. 不同类型顾客的互动方式

在与顾客互动时，店主一定要根据顾客的性格类型，采用不同的互动方式，促使顾客完成交易。

（1）自以为是型。

这种类型的顾客不但喜欢夸大自己，而且表现欲极强。他们总认为自

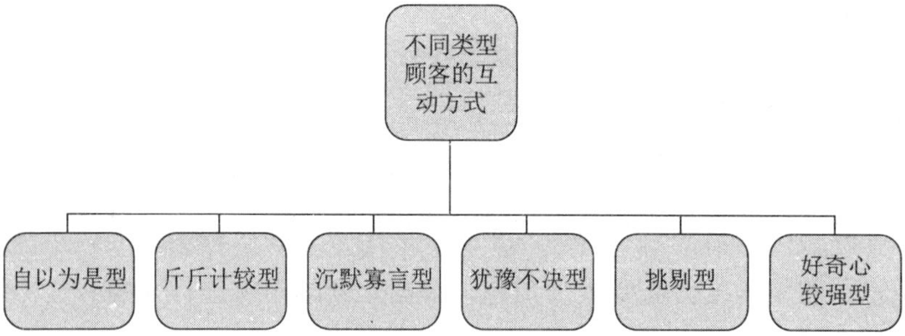

图 6-4　不同类型顾客的互动方式

己是专家，懂得比店主还要多，只要在自己的知识储备范围内，他们就会毫不保留地谈论一番。尤其是当你向他介绍商品时，他喜欢打断你的谈话，说一些自以为是的话。比如："这些啊，我早就知道了。"

面对这种类型的顾客，你可以先不向其介绍商品，让他自己去考虑，有不懂的地方可以随时联系。当他向你询问时，你也不要将产品说明介绍得太详细，要有所保留，让顾客产生困惑，然后再及时询问他的需求，以促使顾客下单。比如："我看您对这件产品了解得非常透彻，那么你需要购买多少呢？"

（2）斤斤计较型。

这种类型的顾客，在选购产品过程中常常喜欢将"太贵了"挂在嘴边。他们习惯讨价还价，生怕吃亏，总想买到最便宜的产品，甚至以比其他人更低的价格购买产品来显示自己的能力，或者想在这场讨价还价中击败店主。

面对这种类型的顾客，店主可以适当创造一种紧张的气氛，比如，现有的商品所剩不多，已有很多人提前订购等。如果再适当向顾客强调一下产品的功效，不给顾客思考的机会，相信顾客很快就会下单的。

（3）沉默寡言型。

这种类型的顾客性格比较沉着冷静，与其交谈时，虽然他一直在倾听，但反应比较冷淡，无法了解他的真实感受。

面对这种比较理性的顾客，店主可以用询问的方式来探究顾客的真实需求，然后再晓之以理，动之以情，拉近彼此的距离，以提高自己在顾客心中的地位。最后，店主可以推荐几种产品，以供顾客选择，促成交易。

（4）犹豫不决型。

这种类型的顾客，在购买某件产品时常常犹豫不决，即使已决定购买，也会对产品的品种规格、功效以及价格等进行反复比较，一时难以取舍。

面对这种类型的顾客，店主首先要对自己的产品有自信，这样才能将自信传达给顾客。在与顾客互动时，切忌急于成交，尽量冷静地引导顾客说出内心的疑惑，然后店主就可以根据顾客提出的问题做出说明。相信经过店主的一番介绍，顾客最终会下定决心下单的。

（5）挑剔型。

这种类型的顾客情感不易控制，在购买产品时，往往对店主表现出冷嘲热讽的态度。不管购买什么产品，总要挑出很多毛病。

面对这种类型的顾客，店主首先要保持冷静，坚持先听后讲的原则，并且允许顾客表达出自己的各种不满。也可适当以提问的方式帮助顾客更清楚地表达自己的想法，但绝不可随意打断顾客的谈话，以免发生不必要的误会。然后店主可以根据顾客所说的内容，推荐适合顾客的商品，满足顾客的需求。

（6）好奇心较强型。

这种类型的顾客，对新事物具有极大的好奇心。店主推荐的商品，他们往往带着极大的兴趣去了解，包括产品的性能等。他们的态度比较认真且有礼貌，在了解产品性能时，如果有问题，会积极向店主询问。

面对这种类型的顾客，店主不必刻意去讨他们的喜欢，只要用自己的热情和真情就可以将他们吸引住。然后再向他们详细讲解商品的优点，一般他们都会直接购买。

这些应对措施，对于店主来说非常实用。只要各位店主能够不断地学习并掌握，将其运用到实际销售当中去，相信一定能够通过这种有趣的互动方式了解顾客的真实需求，有针对性地推荐产品，赢得更多的订单。

第七章

优化升级，做好客户关系管理

开店做生意，拥有大量客户群是做好微店的首要条件。但只是拥有客户，而不去培养客户，即使店主拥有庞大的客户基数，也无法为店铺带来价值。

客户是需要培养的，做好客户管理，是打造客户忠诚营销价值链的必要手段。

客户要的是温度和人性化

在各种营销活动中，很多店主往往将主要目标投放在如何吸引新客户，怎样将潜在客户转化成现实客户的问题上，忽视了对现有客户或者老客户的维护，导致店铺为现有客户和老客户提供的服务存在缺陷，使得现有客户大量流失。

老客户流失之后，为了维持店铺的正常运营，店主必须不断地做营销推广，吸引更多的新客户，使得店铺陷入一种恶性循环。这种循环过程有点类似于著名的“漏斗原理”。

通过不断的营销推广，店铺确实能涌入不少新客户。但店主却未曾想过，店铺现有客户流失的数量也不少。从表面上看，客户流失似乎对店铺维持销售业绩没有多少实质性的影响，但店主为引入“新客户”花费的时间和精力，加上不菲的推广费用，这可是一笔不小的投资。开发新客户需要的费用，要比维护老客户多得多。老客户长期流失，长此以往，不但店铺的投资回报率低，而且对店铺的长远发展也极为不利。

为了店铺的长久发展，各位店主不能忽视对现有客户和老客户的维护，只有将他们服务好了，才能利用他们的潜在价值，为店铺提供有利的资源。要想达成这一目的，需要各位店主平时多与客户互动，与客户建立良好的稳定关系。

其实，现有客户和老客户需要的已不再仅仅是产品，他们真正需要的是温度和人性化，也就是店主对他们的关怀以及让他们不断地体验到购物的乐趣。

下面为大家介绍几种给客户提供温度和人性化服务的要素。

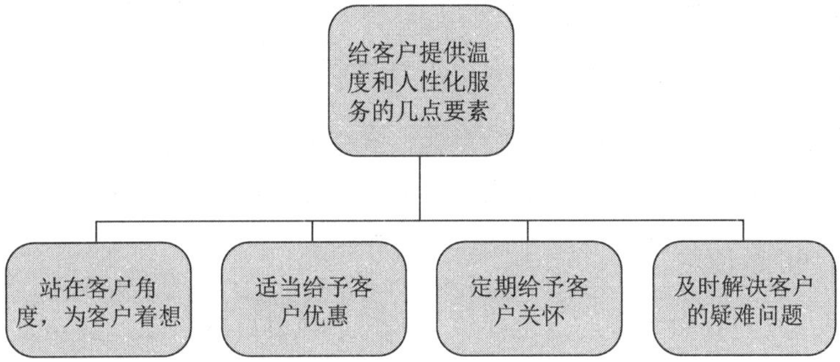

图 7-1　给客户提供温度和人性化服务的几点要素

1. 站在客户角度，为客户着想

客户是我们的衣食父母。在与客户进行互动时，店主给客户推荐产品，一定要站在客户的角度，为客户着想，为客户节省开支。将心比心，相信客户也会体会到你的用心。如果你能站在客户的角度推荐产品，客户一定会对你心存感激，而且还会对你信任有加，这可是维护彼此关系的最佳方式。

如果你为一己私欲，不顾产品对客户有何作用，让客户花费很多“冤枉”钱去购买没用的产品，这种态度会让客户失去对你的信任，不再购买你的任何产品。这种做法得不偿失，店主一定要避免。

2. 适当给予客户优惠

不管是新客户还是老客户，都是店铺主要经济来源的提供者，没有他们的支持和照顾，店铺就无法正常运营。

各位店主有时候也要适当地给予客户一些优惠，比如打折促销或给予赠品等。我们少赚一点，适当满足客户“爱占小便宜”的心理，他们就会常常光顾小店。舍得舍得，没有“舍”，哪来的“得”呢?

3. 定期给予客户关怀

朋友间需要多沟通交流，有事没事都要多关心对方，这样才能使彼此之间的感情不断升温，避免关系生疏。客户同样如此，他们也需要店主拿他们当作朋友那样去对待。很多朋友可以发展成为客户，客户同样可以发展成为真正的朋友。

朋友之间好做生意。各位要想与客户形成良好的关系，甚至是成为朋友，就要多与客户互动，定期给予客户关怀。

比如，各位店主在建立客户档案时，一定要清楚地记下客户的生日。在客户生日快要来临时，以打电话或发短信的方式向客户表达自己的祝福，相信客户收到这些祝福时，一定会非常感动。

店铺的关怀很容易打动客户的心，使其逐渐成为店铺的忠实客户，甚至在店铺经营不善的时候，他们也能为店铺献计献策，助其脱离险境。

4. 及时解决客户的疑难问题

不管是售前咨询，还是售后反馈，店主都要及时解决，这关乎店主的态度问题。店主若没有及时与客户沟通，将导致焦急等待的客户对店主产生一种不负责的印象，甚至让客户觉得店主忽视自己的感受，不尊重自己，不重视自己。客户有了这种感觉，将大大降低客户的购物体验，甚至导致客户流失。

各位店主一定要及时解决客户的疑难问题。如果因为不在线而未能及时回答客户的问题，上线后就要第一时间与客户取得联系，解决客户遇到的问题并化解客户心中的误解，以有效防止客户的流失。

总之，店主要想有所得，首先要懂得付出。只有给予客户想要的东西，店铺才会收获更多。

客户需要的不仅仅是产品，同时还有店铺的温度和人性化。店铺的产品再好，如果店铺缺乏温度，也很难长久留住客户。因此各位店主在保证向客户提供优质产品的同时，也要让客户感受到店铺的温度和人性化，以此维护好客户关系。

给客户建立档案，分类管理

在移动电商时代，获得客户的信任，就如同获得了一笔无形的资产。店主一定要好好珍惜客户的信任，把信任你的客户转化成店铺最忠实的客户。要想达成这一目标，需要各位店主做好客户管理工作。给客户建立档案，进行分类管理，是客户管理这项工作的第一步。

为了方便店主管理客户，微信公众平台为广大店主们提供了“用户管理”功能。通过“用户管理”功能，店主可以随时查看客户的收货信息以及历史购买等数据。这些数据可以帮助店主分析客户的购买特性、喜欢的商品类型以及个人喜好等。通过这些信息，店主可以定期向不同的客户群体推荐相关商品，以此提升店铺的销量。

下面一起来看看，我们从“用户管理”中能获得客户的哪些信息（见图7-2）？

图 7-2 微信小店的用户管理

1. 聊天信息

一般来说，只要客户向你的微信公众号发送了信息，你都能在用户管理中看见客户的留言。不管客户是在购买前进行咨询，还是在购买后向客户抱怨产品质量问题，店主都可以通过这一功能与客户进行互动，为客户排除疑问。

无论客户提出什么问题，店主都要及时地给予回答。当然，店主也不

图 7-3 与用户的聊天信息

可能24小时都在线，但只要店主一上线，便能看见客户的留言，这时候店主最好在第一时间进行回复。

需要各位注意的是，虽然用户管理有保留客户留言的作用，但只能为店主保留最近20条聊天记录。

2. 客户资料

当店铺有了订单后，客户资料就会自动添加进来。店铺拥有多少客户，是新客户还是老客户，他们购买的产品属于什么类型，数量是多少等，所有这些信息，店主都能从用户管理中获得。不过客户是新客户还是老客户，或者是星标客户，需要店主自己去判断，然后将客户按一定的标准进行分类管理。

当然，分类的标准有很多，店主可以按照客户购买商品的类型，或者是按照客户交易的次数等对客户进行分类，只要能够帮助店主更好地管理客户，采用哪种方式都可以。

一般来说，如果客户有特殊需求的话，会主动联系卖家。这时候店主就可以根据客户的需求进行分类，并进行有针对性的推广和推荐，以便更好地满足客户的需求。

即使客户没有留言，店主也可以根据客户曾经购买的商品信息来分析客户喜欢的商品类型，然后按照这个标准对客户进行分类。一旦有活动，店主就可以向客户推送相关商品信息，吸引客户购买。这样会大大提高订单成交率，增加店铺的销量。

另外，通过“用户管理”功能，店主还可以根据客户对店铺忠诚度的不同，将客户分为老客户、新客户、潜在客户，然后对这些客户进行差别化的管理。也就是说，店主可以对不同的客户进行不同的管理，以便留住老客户，培养新客户，挖掘潜在客户，将店铺打理得井井有条。

当然，要想达成这一目的，店主平时需要多费点心思，多花点时间去分析客户的信息，然后按照一定的标准建立客户档案，并对客户进行分类。只有这样，店主才能做好客户管理，提升店铺的销量。

管理客户信息，防止老客户流失

无论是开实体店还是微店，对于店主来说，老客户都是排在第一位的。可以毫不夸张地说，老客户创造了店铺 80% 的收入和 90% 的利润，微店更是如此。

很多成功的微商，无一不是将重心放在了老客户的管理上。利用客户管理，专门为老客户建立一个客户档案，用来分析他们的真实需求，进行有针对性的推荐。这种一对一的精准推荐，可以为店铺利润带来爆发式的增长。

作为新手，很多人并不知道如何管理客户信息，使得他们在经营微店时遭遇这样一个问题：店铺的点击量与之前相比并没有多大变化，但销量却大不如前。面对这种局面，很多店主都心急如焚，不知所措。其实只要店主在客户信息中查找一下客户的购买记录，就可以找到问题的所在了。

如果店铺在某一段时间内点击量没有多大变化，但销量却明显下降，从客户信息中，我们大致可以分析出导致客户流失的几个原因（见图 7-4）。

1. 客户对商品的认识有误

客户放弃购买，极有可能是因为对商品的认识有误。也就是说，客户

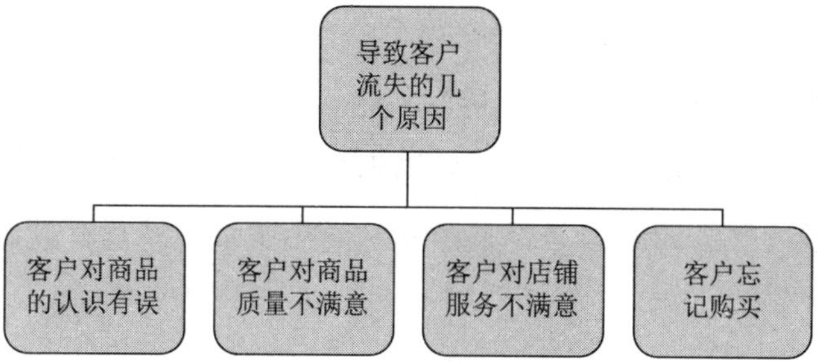

图 7-4　导致客户流失的几个原因

对商品的认识有限，了解不多，导致客户使用商品后，发现商品并没有达到他预期的效果，就会认为商品不好，故而不再继续购买该商品。

一般来说，经营化妆品之类的店主经常会遭遇这样的情况。店主如果想确认自己的判断是否正确，可以先通过客户信息查找客户联系方式，主动与客户取得联系，询问客户使用的情况。如果客户反馈说产品没有达到预期效果，店主就要对客户进行相关知识的讲解。相信通过店主专业的讲解，能够帮助客户走出商品认识上的误区，挽回客户，使他们重新对店铺产生信任。

当然，想要成为某领域的专业人士，各位店主就要多加努力，平时有空进行相关的学习，尤其要努力掌握自己经营的商品知识。只有这样，当顾客提出疑问时，店主才能用专业的知识打消客户的疑惑，引导客户购买，增加客户复购率。

2. 客户对商品质量不满意

一般来说，导致客户只看不买的主要因素，就是对商品质量存在不满。比如，客户购买南娜山羊奶精油皂，本来两个月就需要重复购买，到期却不见销量有增长。这时店主就可以从购买过此产品的客户入手，从他们的购买信息中查询购买数量。如果发现购买此产品的客户再无复购记录，就可以判断这件产品的质量极有可能存在问题。

为了证实自己的判断，店主可以主动联系购买此产品的客户，询问对方放弃继续购买的原因是否是因为对商品质量不满意，进而找到问题的答案。

如果从客户的口中得知，客户放弃继续购买的原因确实是商品质量有问题，店主就要立即将此商品下架，选择质量优良的同类商品进行销售，同时将优质商品推荐给客户，再次引导客户购买。

3. 客户对店铺的服务不满意

作为微信小店的店主，有一点必须明白，那就是客户到你的店铺购买商品，你为他提供的不仅仅是他真正需求的商品，同时还有最优质的服务。要知道，开微信小店的不止你一个，销售同类商品的店铺也不是只有你一家，客户想去谁家购买都可以，这是他的自由。而影响客户做出选择的，就是你为他提供的服务。如果你不为他提供最好的服务，客户凭什么照顾你的生意呢?

经营店铺时，如果发现这段时间老客户很少来光顾你的店铺，你就要认真反省一下，是不是自己在为客户提供服务时哪方面做得不到位。你在服务方面做出的努力，客户都能感受到。当你为客户提供的服务越来越到位的时候，你就能把老客户的心拉回来了，之后他们还会一如既往地继续照顾你的生意。

4. 客户忘记购买

实际上，忘记购买也是客户不继续购买的一个较为常见的原因。客户忘记购买的原因，很有可能是因为工作太忙，或者是心情不好等，这时店主就需要对顾客进行客户关怀。

通过客户信息，店主可以大概估算出某位客户购买的商品快用完或已经用完。如果没有二次购买或者后续购买记录，这时店主可以主动以短信的形式提醒客户购买。如果客户真的是忘记购买，你的提醒会让他觉得你是在为他着想，这有助于增加顾客对店铺的忠诚度。

总之，各位店主要想经营好微信小店，做好客户信息管理是非常有必要的。在经营和管理微店时，无论遇到什么问题，各位店主都要学会利用客户信息来管理客户关系，从客户信息中找到问题所在，然后对症下药。相信通过店主们的努力，一定能防止老客户的流失。

推荐的商品要有针对性

客户在购买商品时，很多时候他们并不清楚自己的真实需求，或者说，他们并不能直接表达出自己具体想要什么东西。这时就需要店主从客户的谈话中判断他们的确切需求，及时给客户提供一些建议。当然，店主向客户推荐商品时要有针对性，不要盲目地向客户推荐。

比如，有位客户准备回家探亲，其间路途遥远，途中全凭手机看电影和网聊打发时间，这时候店主就可以向其推荐容量大、体积小的充电宝。如果客户是一个学生，那么店主就应该推荐性比价高的充电宝，最好价格能够稍便宜些。

作为店主，在向客户推荐商品时，一定要留心，从与客户的谈话中判断客户的年龄、身份、收入等情况，根据客户的情况来推荐相应的商品。虽然店主每天面对的客户都是不同的，但不同客户的需求却具有一定的共性。只要各位店主掌握了这些共性，就可以更快更准确地了解客户的需求。加上推荐的商品具有一定的针对性，相信店铺的成交率会保持在较高的水平。

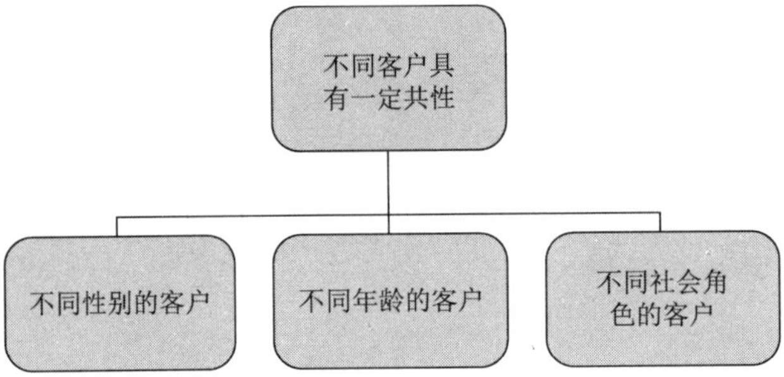

图 7-5　不同客户具有一定共性

1. 不同性别的客户

在实际消费过程中，由于性别不同，男性与女性的购买心理以及购买产品的类型也会存在很大差异。一般来说，男性购买商品时要比女性理智，常常是有目的性地选择自己感兴趣的产品。男性比较关注商品的质量、性能、用途，对商品的价格不是很敏感，所以店主可以向男性客户推荐一些质量、性能不错的商品，只要价格合理，他们通常会毫不犹豫地购买。

与男性客户不同的是，女性客户购买商品时比较冲动，看到价格便宜并且是自己喜欢的东西，不管有没有需求，统统放进购物车。而且她们获取商品信息的能力非常强，比如哪家店铺有特价优惠等信息，他们都能很快了解。针对女性客户这一购物特点，在搞促销活动时，店主可以向女性客户推荐一些质优价廉的商品，相信她们一定能为店铺带来可观的销量。

一般情况下，在日常用品的选购方面，女人往往比男人要擅长很多。销售日用品的店铺，在做促销活动时，可以向女性买家推荐包括香皂、护肤品等在内的促销商品，大多都能取得不错的销量。

2. 不同年龄的客户

随着年龄的增长，每个人的性格、喜好和需求也在不断发生变化。店主如果能够掌握不同年龄段的客户购买心理，有针对性地推荐商品，就会取得事半功倍的效果。

（1）16 ~ 25 岁的客户。

这个年龄段的客户尚未形成成熟的消费习惯和消费心理，绝大多数人在经济上还未真正独立，仍然需要依靠父母。即便有些人已经参加工作，也会因为经验不足导致薪资较低，在消费过程中，购买能力受到一定程度的限制。尽管如此，他们对购买的狂热度丝毫不减。由于年轻，喜欢追求个性，尤其对时尚产品充满浓厚兴趣，而且购买商品比较冲动，所以他们很有可能会成为店铺中新品的第一批客户。

对于这个年龄段的小客户，店主不妨向他们推荐一些时尚新品，重点讲解商品的独特性和知名度。一旦他们看中某件商品，即使这件商品有些贵，他们也会毫不犹豫地选择购买。

（2）25 ~ 30 岁的客户。

这个年龄段的客户属于热情型的消费群体。无论成家与否，他们仍然保持着年轻人追求新鲜事物的热度，身体里依然存在着冲动消费因子。不过店主在向这类客户推荐商品时，一定要先了解对方是否成家，这样才能有针对性地推荐，提高成交率。

如果客户是单身，他们购买商品时，关注的大多是商品的品牌，因为他们可以从中品牌获得极大的心理满足感；如果客户是新婚一族，他们更关注那些能够提高生活品质或增加生活情趣的商品；如果客户已经有了孩子，店主可以向其推荐婴幼儿用品，只要店主推荐的商品符合他们的生活需求，他们很容易下单。

不过，这个年龄段的客户大多都比较忙，不喜欢闲聊。店主向他们推荐商品时，尽量言简意赅，以免由于话多引起客户反感，影响店铺的成交率。

（3）30 ~ 45 岁的客户。

这个年龄段的客户属于成熟型的消费者，他们的经济收入比较稳定，拥有成熟的消费观念，一旦认定某个品牌，便很难做出改变，他们是店铺最忠实的客户群体。通常他们比较喜欢购买有实用价值的新品，或者是改善家庭条件的商品。如果客户是女性，则比较热衷购买化妆品和保养品。

店主在向这个年龄段的客户推荐商品时，一定要有耐心，尽量介绍得全面些，比如将商品的特点、成分以及品牌背景等信息全部介绍给客户，这些都是他们比较看重的地方。只要你推荐的商品是他们需要的，他们很容易下单。

（4）45 岁以上的客户。

这个年龄段的客户拥有非常牢固的经济基础，生活比较悠闲。他们对健康有益的产品非常感兴趣，而且喜欢购买用惯的商品，对新上市的产品常常持有怀疑态度，不敢贸然购买。

在向这类顾客推荐商品时，店主可以向其推荐营养补品或体验度不错的商品，他们一般都不会拒绝，甚至会乐于购买。

3. 不同社会角色的客户

除了年龄和性别这几种划分标准外，还可以将客户按照不同的社会角色划分为农民群体、学生群体、家庭主妇群体以及公务员群体等。不同社会角色的客户，他们的购买心理、购买能力和购买需求差别很大，店主在向客户推荐商品时，一定要结合客户的社会角色等特点。

（1）农民。

一般来说，农民的思想相对比较保守。由于文化水平低，他们看不懂商品包装上描述的成分是什么，也不了解这些成分对商品会有多大的影响，因此他们对商品的成分并不是很在意。他们购买商品时，关注的主要是商品的价格和实用性，所以店主可以向他们推荐一些价格便宜，具有实用价值的商品。

（2）学生。

学生由于不具备独立的经济能力，其经济来源主要是父母，所以购买能力相对受到一定的限制，但这并不能阻碍他们追求新事物的热情。另外，他们年轻，喜欢表现自己，追求个性，接受新事物能力较强，所以店主不妨向他们推荐一些时尚商品，或者是一些刚刚上市的新品，相信他们一定会乐于接受。

（3）家庭主妇。

一般来说，家庭主妇大多需要照顾孩子或老人，不能进入职场追求经济独立，生活上多会精打细算，十分注重商品的性价比，喜欢货比三家。另外，家庭日常生活用品以及家庭成员所需物品，都需要她们来购买，所以她们的购买能力不容忽视。

店主在向其推荐商品时，可以向她们介绍一些质量有保证、价格公道的生活日用品或婴幼儿用品，相信她们多半会下单。

（4）公务员。

公务员经济收入比较稳定，他们购买商品大多是为了提高自己的生活质量，让自己的生活过得更舒适些。各位店主在向公务员推荐商品时，可以详细介绍商品的优点，从而激发他们的购买欲望。

（5）企业员工。

企业员工是一个庞大的群体，他们经济收入比较稳定，也是社会中主要的消费群体。他们购买商品时，比较关注的是商品的实用性，店主在向他们推荐商品时，可以将商品的特性详细讲解一下，这样他们会很痛快地下单。

总之，不管店主面对的客户属于哪种类型，只要能够掌握不同客户的购买特性和购买心理，并且有针对性地向他们推荐商品，他们便能从中找到自己需要的商品，这对于提高店铺的成交率和销售量是非常有益的。

客户就是你的顶头上司

店主在经营店铺的过程中，每天都要面对形形色色的人，这些人都有可能成为我们的客户。当他们进入微店，就成为了我们的“潜在客户”，这时候，各位店主要赶紧做好客服工作。

不管客户是咨询还是投诉，店主都不能流露出一丝的不耐烦，要耐心帮助客户解决各种问题。只有这样做，店主才能在留住老客户的同时开发新客户。更重要的是，通过细致周到的服务，店主无需花一分钱，就可以为自己的店铺塑造好口碑，达到营销目的，何乐而不为呢？

各位店主具体怎么做，才能将客服工作做到位呢？下面为大家详细讲解这个问题。

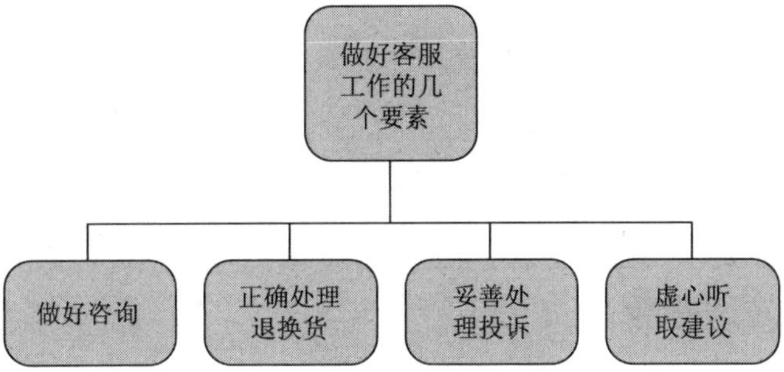

图 7-6　做好客服工作的几个要素

1．做好咨询

微信小店刚上线没多久，相信不少客户都是初次在微店中购物，他们会有很多问题想要询问店主，比如，在微店购买东西是否安全，或是如何支付等。这些问题都是由于客户对微信小店不了解产生的，所以各位要耐心地回答客户询问的每一个问题，让客户充分地了解微信小店的概况，这在一定程度上也是为了打消客户的顾虑，促使客户下单。

一旦他们有了一次美好的体验，很有可能会再次光临你的小店，甚至还会将自己的购物体验告诉亲朋好友，为你的店铺增加不少客流量。所以做好咨询服务工作，是每一个店主的首要任务。

2. 正确处理退换货

客户要求退换货，这是每一个店主都会遇到的问题。并非所有的客户只要提出退换货，店主都要满足他们的意愿。对于客户的退换货要求，各位店主还要看客户退换货的原因是什么。如果确实是商品质量存在问题，店主可以给客户退换货，但必须告诉客户退货的条件，以及谁来承担往返运费等问题。

退换货，无论对于店主还是客户来说，都是一件比较麻烦的事情。为了避免出现这个问题，店主一定要与客户做好沟通工作，了解客户的真实需求。同时，店主在给客户发货前，一定要加强验货工作，尽量避免出现因质量问题引起的退换货。

3. 妥善处理投诉

遭遇客户投诉，想必是很多店主都感到头疼的事情，但这也是不可避免的事。不管何种原因，客户投诉必有他的理由，比如未能及时收到商品等。

当客户向店主投诉这些问题时，店主一定要耐心倾听，再按照相关规定进行处理。之后店主还要积极主动与客户沟通，询问客户对处理结果是否满意。这样做才能弥补客户的不满情绪，转变客户对小店的印象，提高客户对店铺的忠诚度。

4. 虚心听取建议

微信小店上线时间尚短，很多功能都未对外开放，还在不断更新与改善中。如果店主是新手，初次经营店铺难免会出现这样那样的问题。这时如果有客户向你提出一个好建议，比如店铺里的商品比较凌乱、寻找商品比较麻烦、最好给所有商品进行分类等。店主如果能够虚心接受客户提出的建议，并立即进行相关完善，相信自己店铺的生意会越来越好。

总之，在服务行业，客户就是你的“顶头上司”。如果你在哪方面做得不到位，就会招惹这位“上司”的不满，甚至还会被这位“上司”炒鱿鱼。

店主要想赢得“上司”的喜欢，成为“上司”的红人，就要做好客服工作。

服务分销商，保持长期有效推广

一提到“服务”，绝大多数店主第一时间想到的就是——客户，脑子里装的或两只眼睛瞄准的，似乎也只有客户。客户是主要的收入来源，不将客户服务好，怎么会有生意兴隆、财源滚滚的那一天呢？其实，对于各位店主来说，除了要将购买商品的客户服务好，同时还要服务好自己的合作伙伴——分销商。

各位店主在经营微店时，相信都有这样的体会：自己拼命地做推广，效果却不佳，这到底是什么原因呢？其实，这是老生常谈的话题，那就是个人与团队的关系。众所周知，微店最大的特点就是可以发展很多分销商，分销商则可以帮助店主一起来推广店铺和商品，然后共享利益。

对于店主来说，分销商的价值不可估量，因为店铺每天售出的商品，有80%来自分销商的大力推广。更重要的是，分销商不是一个人，而是一个群体。也就是说，你的分销商下面还有分销商，你的分销商的分销商还有分销商……这样层层向下分流，你永远不知道自己的商品将会由哪位分销商的推广而售出。为了保持微店以及产品的长期有效推广，各位店主必须要服务好自己的分销商。

另外，对于店主来说，客户可以成为自己的分销商，而分销商也可以成为自己的客户。从某种意义上来说，店主与分销商的关系和店主与客户的关系同等重要。所以服务好客户的同时，也别忘了分销商。

服务好分销商有四大关键点。

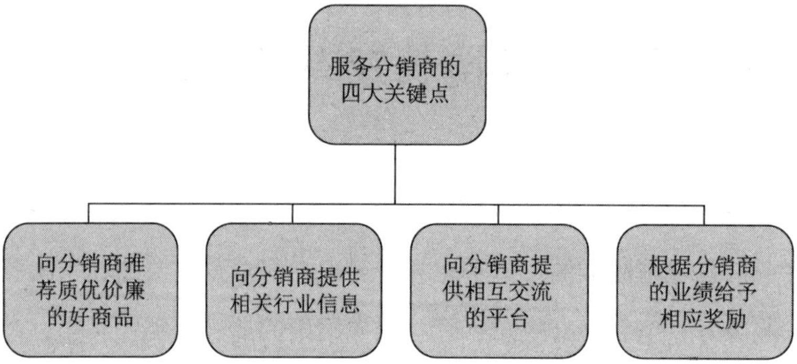

图 7-7　服务分销商的四大关键点

1．向分销商推荐质优价廉的好商品

一般来说，客户最喜欢的商品必定质优价廉，也就是性价比高的商品。此类商品，分销商根本不用花费太大的力气做推广，便能获取大量客户的订单，分销商能够轻松赚取佣金，才会更加卖力地为你做推广。所以想要服务好分销商，就要向他们推荐质优价廉的好商品。

2．向分销商提供相关行业信息

当店主拥有一批分销商之后，就要将更多的精力放在培养分销商上。各位店主都知道，分销是为我们做推广的，并且他们是接触客户最多的人，但绝大多数分销商对微店以及相关行业信息了解甚少。为了帮助分销商更好地进行推广工作，店主要定期对分销商进行培训，及时将一些重要行业信息分享给分销商，增长他们的见识。通过培训等活动，店主还能与分销商建立一个友好、稳定的合作关系，有利于增加双方的信任度，成为长期的合作伙伴。

3. 向分销商提供相互交流的平台

取得客户信任最快的办法就是沟通，因为彼此有了沟通才能互相了解，有了解才会产生信赖，分销商更是如此。既然大家是合作伙伴的关系，更要及时沟通交流，有什么问题及时沟通，及时解决。

一般来说，店主可以建立一个属于自己和分销商的专属交流社区，或者建立一个分销商QQ群。当然，如果店主想给分销商进行培训，也可在微信上发起群聊，拉分销商进群，大家可以通过语音、文字等交流方式，一起讨论相关问题，或是共同交流推广经验。

只要是能够帮助大家共同学习、共同进步的问题，都可以在专属社交平台上分享。店主也可以提出自己的问题，让其他分销商一起想办法解决问题。相信通过频繁的沟通和互动，分销商对你的信任会不断增加，进而加大推广店铺的力度。

4. 根据分销商的业绩给予相应奖励

分销商推广成功后，可获得相应佣金，但仅靠这些佣金，是无法激发分销商更卖力地做推广工作的。如果店主能够适当地给予一些额外的奖励，相信分销商一定会加大推广力度，进一步提高店铺商品的销量。

想要达成这一目的，店主可根据分销商的业绩给予相应的奖励。比如，根据分销商售卖的商品件数，或者是商品总金额等，制定相关奖励制度。当然，店主也可以适当提高分销商的佣金比例，甚至是直接额外给予分销商一笔佣金作为奖金。无论店主采用哪种方式，都可以起到激发分销商继续努力的作用。同时，这也是回报分销商努力做推广工作的一种方式。

第八章
超越期待，售后比售前更重要

顾客是微信小店的衣食父母，店铺要想生意红火，必须能够留住顾客。留住顾客的永久秘方，就是提供最好的服务。除了售前服务以及售中服务，售后服务更需要店铺认真对待。售后服务超越客户期待，店铺才能赢得未来。

服务创造口碑，提升用户复购率

微信小店是依靠朋友圈发展起来的，也就是说，各位店主做的主要是熟人买卖。想要在朋友圈做成生意，靠的是彼此间的信任。只要你为大家提供的商品不错，顾客体验不错，那么熟人的复购率是非常高的，而复购正是信任带来的必然结果。

当然，微店仅靠好的产品来吸引顾客还远远不够，还必须为顾客提供最好的服务。只有将我们的目标人群服务好了，才能赢得顾客的好口碑。有了好的口碑，提升顾客复购率就是水到渠成的事了。

为顾客做好哪些服务才能创造口碑，进而提升顾客复购率呢？下面就为广大店主提供几点建议，供大家参考。

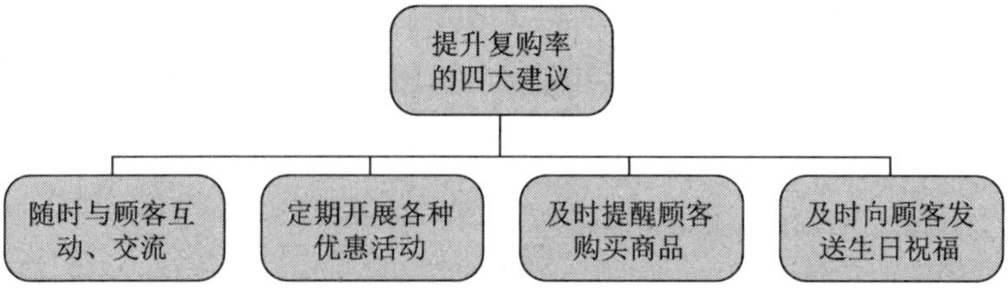

图 8-1　提升复购率的四大建议

1. 随时与顾客交流互动

当顾客收到商品，使用商品一段时间后，店主要主动询问顾客的使用体验，根据顾客反馈的问题，及时给予解答，消除顾客心中的疑惑。当然，为了维护与顾客的关系，提升顾客的复购率，店主与顾客互动、交流是少不了的。通过频繁的互动、交流，可以充分了解顾客的真实需求，给顾客推荐商品会更精准，服务更周到。顾客也会通过互动全面了解店主的人品以及店铺的商品详情。通过有效互动和交流，不但可以巩固彼此之间的感情，顾客还会因此成为店铺的忠实粉丝。

2. 定期开展各种优惠活动

不管是开发新顾客，还是留住老顾客，店主都有必要定期不定期地开展各种优惠活动。通过这些优惠活动，不但可以吸引大量新顾客前来购买，还能回馈老顾客一直以来的支持。

不过搞活动期间，店主不能忽视对新老顾客的服务。只有将他们真正服务好了，才能赢得好口碑，提升复购率。

3. 及时提醒顾客购买商品

一般来说，只要顾客在店铺中购买过一次商品，他的基本信息就会被自动保存下来，然后店主就可以按照一定的标准建立一个客户档案。

通过客户档案，当店主了解到某位顾客购买的商品差不多用完时，可以主动打电话或以发短信的形式提醒顾客及时购买，这也是非常不错的用户体验，同时还能提升用户的复购率。当然，要想达到这一目的，就需要店主建立客户档案，定期查看顾客购买率，平时多注意观察顾客的采购频率和商品使用周期，以便及时提醒顾客购买商品。

4. 及时向顾客发送生日祝福

很多店主都深刻意识到顾客的重要性。为了提高用户体验，增加顾客复购率，除了要为顾客提供他们需求的产品外，还要致力于做好客户服务。甚至在一些细节方面也要做到位，比如顾客购买皂类产品，店主可以特别赠送了一个精美皂盒。除此之外，店主还要为顾客提供客户关怀。

比如，在顾客生日来临之际，以打电话或发短信的形式向顾客表达生日祝福。顾客收到这些祝福后，一定会对店主的体贴心生好感，这在无形中也增加了顾客的忠诚度。

有个名为“天天美白”的微信小店，以销售面膜为主。店主为自己的每一位忠实顾客都建立了单独的信息库，每当顾客的生日来临，店主都会提前给顾客发送一条祝福短信，祝愿顾客越活越年轻，并献上店铺最新的促销信息。收到生日祝福信息后，几乎有 98% 的顾客都会在生日前购买店铺的产品，作为送给自己的生日礼物，这为店铺带来了良好的销售业绩。

以上就是为顾客提供优质服务的几个要素，相信只要店主真诚地与顾客做朋友，用心为顾客做好每一件事，将服务做到细致入微，就会赢得顾客不错的口碑。

了解 7 天无理由退换货保障服务

开店做生意，难免遭遇顾客退换货。并非顾客购买任何一件产品，店主都必须无条件地接受顾客的退换货申请，否则店主就会损失惨重。店主开通“7 天无理由退换货保障服务”，既是为了保障顾客的利益，同时也是对店主的一种保护。

一旦顾客申请退换货，就会产生一系列的问题，比如退回的商品是否完整，运费由谁来承担。各位店主必须认真了解“7天无理由退换货保障服务”的细则，这样双方才能避免不必要的纷争，更好地进行交易。

一般来说，“7天无理由退换货”在很大程度上能够给广大顾客快速下单的信心，进而提高店铺销量。如果顾客申请退换货，只要商品没有出现人为损坏，店主理应及时给予处理。反之，如果不符合退换货的条件，店主也可以驳回顾客的申请。

下面来了解一下“7天无理由退换货”的相关内容，以及如何根据不同的情况做出正确的处理。

1. 商品配件的完整性

如果顾客选择退换货的商品是服装类、3C数码配件等，只要商品外包装完整，相关附（配）件完整，或者是随商品附带的保修卡、发票、配件比较齐全，不影响二次销售，均可进行退换。否则不予退换货。

2. 商品未拆封

如果顾客选择退换货的商品是乐器、办公家具、食品类，只要商品无拆封，原有包装完好无损，表面无划痕与破损等，均可退换货。否则不提供该保障服务。

3. 商品未使用

如果顾客选择退换货的商品属于鞋类、包类、旅行用品等，商品无显著穿戴、洗涤、破损等痕迹，均可退换货。否则不提供该保障服务。

除此之外，如果顾客预定特殊尺码，恕不退换。有些汽车类商品使用后会留下记录参数，对于这类商品，一般也不支持退换。

4. 商品防伪标识码（若有）未刮开或撕损

一般来说，顾客选择退换货的商品属于珠宝、网络设备、文化用品等，只要商品防伪标识码（若有）未刮开或撕损，或者是唯一性三包卡没有缺失或撕损，不影响二次销售，均可退换货。否则不提供该保障服务。

另外，顾客选择退换货的商品如果有赠品或发票，如赠品或发票遗失，店主可以退换，但赠品遗失或破损需要估量折价，发票遗失则按退税点由顾客承担。

如果顾客选择退换货的商品符合以上退换货条件，店主就要及时处理退换货，以免影响顾客的购物体验。

从以上几点不难看出，店主需要履行“7天无理由退换货”服务，顾客选择退换货的商品必须以不影响商品二次销售为前提。

当双方达成退换货共识后，就涉及到退换货过程中所产生的运费问题，这个问题一直是买卖双方争议的热点。关于退换货产生的运费，店主一定要跟顾客沟通到位，以免引起不必要的纠纷。

一般来说，“7天无理由退换货保障服务”对于退换货所产生的运费问题，都遵循“谁过错，谁承担”的原则。

以下几点就是由顾客发起的“7天无理由退换货”服务的运费承担原则，店主可以根据这几项原则处理。

（1）商品出现质量问题。这属于店主的责任，所以顾客选择退换货时，往返运费都需要店主来承担。

（2）商品未出现质量问题，顾客以主观方面比如不喜欢、不合适等理由要求退换货。这属于顾客的责任，来回运费由顾客承担。

（3）如果商品属于店铺中的包邮商品，那么运费由双方共同承担。

为了减少顾客退换货的现象，顾客交易前，店主必须要与顾客沟通好，提前告知“7天无理由退换货”的相关内容。此外，店主务必告知顾客该服务中“7天”的时间是从顾客收货那天开始计算的，这也是为了避免顾客因理解有误而产生不必要的误解和纠纷。

当顾客向微店提交退换货申请，并与店主达成相关协议，那么店主必须立即将退换地址提供给顾客。顾客退回的商品检查无误后，店主要立即将货款退回；如果顾客是换货，店主要及时将新产品寄出。

总之，只要顾客退换货符合“7天无理由退换货”的内容，即使顾客态度不好,店主也要保持高度的热情,及时处理退换货问题,千万不能怠慢顾客。

处理买家抱怨的策略与技巧

无论是实体店还是网店，在销售过程中，店主都可能会遇到顾客各种各样的抱怨，微信小店也不例外。顾客既然花钱买了你的商品，购买后对其不满意，难免会抱怨一下，情绪激动时，还有可能恶言相向。遇到这种情况，不管顾客是好说话还是不讲理，店主都要积极并正确处理顾客的抱怨。一旦处理不好，会给店铺带来极大的负面影响。

在经营微信小店的过程中，遇到顾客抱怨时，应该掌握哪些处理策略和技巧呢（见图8-2）？

1. 重视顾客的抱怨

顾客产生抱怨，肯定是对产品或者店铺的某个方面不满意，原因很可能是店主在经营和管理上存在某些问题。

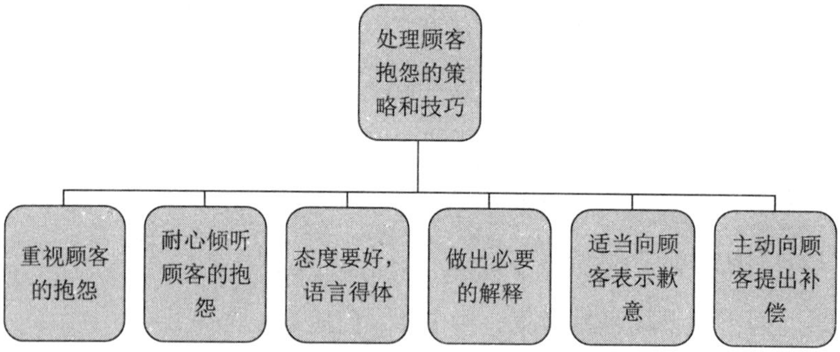

图 8-2 处理顾客抱怨的策略和技巧

店主应该重视顾客的抱怨，通过与顾客进行密切交流，不但可以解决顾客的问题，还能知道自己哪方面做的不到位，以便及时改进，防止顾客流失。

2. 耐心倾听顾客的抱怨

顾客抱怨时，一定有很多不满向你倾诉，这时店主不要打断顾客的话语，而是要耐心倾听顾客的抱怨。

只有先耐心倾听顾客的抱怨，才能从中得知抱怨的缘由在哪里。之后再进行调查，核实顾客所说之事是否真实。

3. 态度要好，语言得体

做微店首先要秉承“顾客是上帝”这一原则，无论面对的是好说话的顾客还是难缠的顾客，对顾客的态度始终都要谦和友好。即使面对顾客抱怨，也要如此，因为这样才能平复顾客的不良情绪，大家才能理智地协商并解决问题。

顾客在抱怨时，如果对商品极端不满，那么在发泄的陈述中有可能言语过激。此时店主若与之针锋相对，势必会让双方的关系恶化。关于这一点，店主一定要切记。

4. 做出必要的解释

倾听完顾客的抱怨，我们要向顾客做出必要的解释。一般情况下，顾客抱怨有两个目的：第一，发泄心中的不满；第二，想听店主的解释。

不管我们是否能够立即给予顾客满意的答复，向顾客做出一定的解释，都是非常有必要的。要知道，抱怨的顾客，对店主来说还有补救的机会。如果没有向顾客做出解释，或者解释不到位的话，势必会使顾客流失，对店铺的经营很不利。

5. 适当向顾客表示歉意

在销售行业，只要顾客向你抱怨，无论过错出自谁，店主都要真诚地向顾客表示歉意。即便是顾客使用不当导致商品出现问题，店主也要首先照顾顾客的感受。

如果店主总是为自己辩解，那么你失去的不仅是这位顾客，还有他背后庞大的人际关系网。反过来，如果适当地向顾客表示诚恳的歉意，说不定还能化解顾客内心的不满和抱怨。

6. 主动向顾客提出补偿

如果顾客抱怨的缘由是对产品有些不满意，店主可以主动向顾客提出退换货，这在很大程度上能够消除顾客的抱怨心理。在与顾客沟通的过程中，如果店主态度友好，语言得体，还向顾客表示了歉意，说不定能打消顾客退换货的念头。

有时候，顾客抱怨只不过是想发泄一下自己的情绪，并非真想退换货，所以店主在处理顾客抱怨时，一定要选择适当的应对方式。主动向顾客提出补偿，也是百试不爽的办法。

除了主动向顾客提出补偿，面对顾客的抱怨时，还要有其他的补救措施。也就是说，店主要让顾客了解到你在为他的抱怨采取措施，知道你在行动。与此同时，店主还要及时跟进补救进度。关于这一点，很多店主都容易忽视，希望各位店主引起注意。

定期回访，用户反馈才是最好的经营指南

为顾客提供最优质的服务，是每个微信小店的职责。倘若店铺提供给顾客的服务中有一项没有做到位，得罪了顾客，则会为店铺的经营带来不良影响。正因为如此，很多店铺都将服务放在了非常重要的位置。

虽然很多店主都知道服务的重要性，在顾客购买商品时，也确实做到了热情款待，耐心解答。但当顾客完成付款后，大多数店主都会认为向顾客提供的服务就此完结了。实际上，这才刚刚开始，店主需要做的还有很多。对顾客进行定期回访，收集顾客反馈信息，便是一项重要的售后服务内容。售后回访是经营好微信小店的一个关键因素，也是拉拢人心，增加回头客必不可少的一项“功课”。

为什么要对顾客进行定期回访呢？原因很简单，顾客是各位店主的衣食父母，只有让顾客的需求不断获得满足，才能让小店持续经营下去。想要达成这一目标，除了了解顾客的真实需求之外，更要主动走进顾客的心里，询问顾客使用商品后的感受或心得，即用户反馈。

了解到顾客使用商品的真实感受，才能有效地减少因沟通不到位而导致大量顾客流失的情况发生。

在对顾客进行定期回访的过程中，各位店主可以从以下几个方面了解顾客的使用体验。

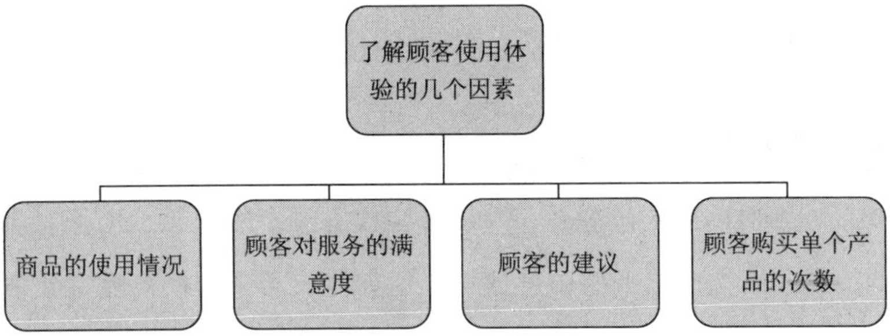

图 8-3 了解顾客使用体验的几个因素

1. 商品的使用情况

一般来说，顾客使用商品后，如果效果如他所愿，甚至是超出预期，那么顾客就会觉得商品不错，下次还会有购买的意愿；如果顾客使用商品后效果不佳，就会觉得商品不好，进而认为店铺的全部商品都不好，将目光转向其他店铺，不再进行复购。

此时，若店主能够及时对顾客进行回访，询问顾客商品使用效果，就能充分了解商品的使用情况。

通过对顾客进行回访，了解到商品的使用情况不乐观，无论是由于商品本身存在的质量问题，还是由于顾客使用方法有误，店主都要及时拿出解决措施，争取留住顾客。

2. 顾客对服务的满意度

顾客对服务不满意，也会影响顾客再次购买。通过与顾客沟通，就会了解顾客对服务的满意度。如果顾客对服务不满意，比如送货太慢等，经过调查了解属实，店主要适当向顾客进行解释，争取获得顾客的谅解，以免降低顾客体验，进而导致顾客抱怨。

当然，如果服务没有到位，或者是服务环节存在问题，店主也可以及时解决，不断完善，确保顾客享受到最好的服务，提高用户复购率。

3. 顾客的建议

如果顾客对商品比较满意，对服务也没有过多的抱怨，出于对店铺更多的期待，向店主提出一些中恳建议，比如建议店主更换商品货架模板，让商品类型一目了然，便于顾客查找所需商品等。这些都是顾客宝贵的反馈信息，店主应该欣然接受，还要向顾客表达自己的谢意。

若店主没有主动回访顾客，这些有价值的顾客反馈信息，店主是很难获得的。定期回访顾客，不但可以预防顾客的流失，还能意外收获更多有价值的信息。

4. 顾客购买单个商品的次数

当店铺中某件产品数量不再有变化时，店主可以通过客户档案，查看所有购买该产品的顾客是否有复购记录。如果发现购买该产品的顾客无一例外都没有复购记录，就可以断定该产品一定存在某些问题。具体是什么问题，店主可以主动打电话询问顾客。当顾客反馈是商品本身有问题时，店主就要及时将该商品下架，另选优质商品推荐给顾客。

当店主发现某件商品的购买量很大，且顾客复购率很高时，店主进货时就要多进一些。

不管店主通过哪种方式了解顾客的商品体验情况，定期回访顾客是每位店主必做的一项重要工作，它将直接影响用户的复购率，也是经营好店铺的关键。

回访顾客前，各位店主务必做好回访准备工作。回访的准备工作一般有以下几点。

（1）明确回访顾客的目的。

（2）确定回访对象。

（3）按照顾客的重要性安排回访的时间和周期。

（4）选择回访顾客的方式。

当店主做好这些后，就要将方案落实到实际工作当中。带着目的去与顾客沟通，才能有效地达到预期效果，甚至效果更佳。

一切问题的源头，皆因沟通不到位。如果店主能够及时有效地与顾客进行沟通，对顾客定期回访，就能从顾客反馈中查找问题，进而解决问题。如果顾客对店主提出了宝贵的建议，店主可以根据实际情况酌情采纳，如此才能将店铺经营得更加有声色，让店铺走得更远。

做好口碑传播

经营店铺，无论是向顾客推荐好的产品，还是为他们提供优质的服务，目的都是为了打造好口碑。好的口碑，这是所有店主追求的目标。要知道，一个好口碑能引起 7 次销售，而一个坏口碑则丧失 30 个顾客。由此可见，“口碑传播”不仅直接影响店铺的销量，还对店铺的发展具有深远意义。

对于广大店主来说，“口碑营销”并不陌生。口碑营销，就是指顾客对产品或服务非常满意，主动将自己的美好体验告诉周边的人。由于有了信任的人为其背书，自然会影响他人的购买决定。

调查发现，很多店主为了吸引顾客，会采取各种营销方式，比如电视广告、网络广告、报刊报纸广告等，殊不知口碑营销产生的作用最大。一个拥有好口碑的店铺，至少有 20% 的顾客会成为它的“推销员”，并且为店铺带来 80% 的顾客。

影响人们购买行为的是朋友推荐，这就是口碑传播的魅力所在。

对于广大店主来说，创造好口碑不是最终目的，让好口碑流动起来，才能最大限度地发挥好口碑的最大价值。虽然大多数口碑都是自发形成的，但口碑传播不能单靠顾客主动去完成，各位店主也要采取必要的策略，加快口碑传播的速度。换句话说，店主要想获得好的口碑传播效应，就要借助有效的策略来做好口碑传播。

店主如何做好口碑传播呢？以下几点建议可供各位店主借鉴或参考，希望能为大家提供一些帮助。

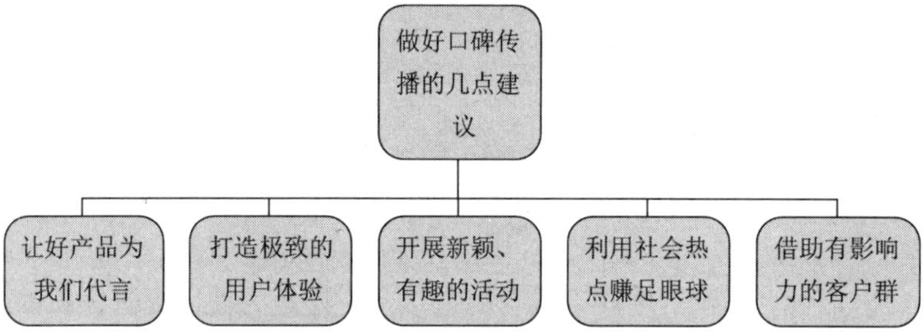

图 8-4　做好口碑传播的几点建议

1. 让好产品为我们代言

好产品，人人爱。没有人会拒绝一个好产品，而好产品就是各位店主的“活广告”。当顾客使用商品后，觉得商品不错，他们就会变成商品的“代言人”，主动为我们奔走相告，宣传我们的产品。当他们的亲朋好友或同事使用产品后，同样认为的确是一件好产品，也会将好产品分享给他们的朋友。周而复始，可以想象口碑传播的影响力有多大。

好产品会自己说话，好产品会让顾客喜欢不已。因此，店铺首先要采购质优价廉的好产品，走好口碑传播的第一步。

2. 打造极致的用户体验

如果说好产品是我们的“硬件”，那么服务则是“软件”。“软件”的影响力不可忽视，它能够让顾客在满足物质需求的基础上，还能享受精神上的愉悦。这种双重的满足感，能够让顾客对店铺的好感倍增，进而引发他们在朋友圈“晒惊喜”，然后形成“口口相传”的传播效应。

要想借“服务”这个“软件”来塑造好口碑，让顾客为我们做口碑营销，就需要各位店主努力打造极致的用户体验，给他们一个超越预期的惊喜。

店主如何打造极致的用户体验呢？这就需要店主除了做好售前和售中服务，认真做好服务中的每个环节，还要做好售后服务，比如退换货或投诉等服务。除此之外，在顾客生日时，也要及时送上祝福。有些被感动的顾客，会将这份美好体验分享给他人。

3. 开展新颖、有趣的活动

实际上，提高用户体验最好的方式，就是举办一些活动并让顾客参与进来，让顾客从活动中体验到不一样的感觉。当然，如果店主开展的活动过于老套，没有吸引力，自然无法调动顾客的积极性。

想要收到不错的效果，店主就要开展一些新颖、有趣的活动，比如，店主可以开展“呼朋唤友齐砍价，商品0元购”活动，最大限度地调动顾客的积极性，主动参与到活动中去，从而实现口碑传播。

4. 利用社会热点赚足眼球

每当社会上发生一些重大事件，就会成为吸引无数人的眼球。若店主能够利用社会热点，提供和事件相关的产品或内容，就会收到不错的口碑传播效果。

比如，有一个白血病患者因没钱无法继续医治，店主可以号召捐赠，吸引他人前来关注。当然，利用社会热点的确能够吸引顾客的眼球，但归根到底是要博得顾客的信任，将顾客沉淀下来，这才是真正达到了口碑传播的效果。

5. 借助有影响力的客户群

在我们的顾客群中，肯定存在一些具有社会影响力的顾客。他们自身拥有一个庞大的粉丝群体，他们对粉丝的影响也是一呼百应，那么我们何不借助他们对粉丝的影响力，来帮助我们进一步实现“口碑营销”呢。

要想借助他们的影响力来为我们进行“口碑传播”，提供给他们最优质的产品是不可或缺的，服务更是要做到极致，甚至超越他们的预期。有了他们的“口碑传播”，店铺的客流量自然源源不断。

虽然自媒体在不断发展，但口碑传播的优势从未改变，其成本之低，传播速度之快，效果之明显，也是大家瞩目共睹的事实。尤其是移动互联网时代，信息传播速度是非常快的，一个好口碑，就能让一个人在短时间内获得成功。不小心获得坏口碑，自然也会让店铺陷入万劫不复的深渊。正所谓成也口碑，败也口碑。

口碑的影响至关重要，作为店主，掌握好口碑传播的要素，对店铺的发展是有很大帮助的。

第九章

劈开脑海，微店也可以做出大品牌

对于企业而言，品牌本身就是一种资产。一个好的品牌影响力是非常巨大的，它能够让顾客从同类产品中有效识别出该品牌，并产生购买行为，从而为店主创造最大化的利益，这就是品牌效应。

店主要想做好微信小店，就要劈开脑海，了解品牌的价值，建立人格化品牌，同时让粉丝参与品牌建设，让店铺朝着更高、更远的方向发展。各位店主要坚信，微店也可以做出大品牌。

品牌价值：你为什么要做品牌

究竟什么是品牌呢？品牌即口碑，而口碑即心碑。品牌不是广告打出来的，也不是贴标语贴出来的，而是矗立在顾客心里的。

品牌是为顾客提供其认为值得购买的功能利益及附加价值的产品，产品无论是功能性的还是心理性的，都要比一般产品更具价值或利益。品牌主要产生在产品与消费者的关系中，这种强劲又特殊的关系除了产品功能价值以外，还让品牌形成了一种无形的资产价值，促使消费者愿意支付更多的钱来购买一个品牌。

实际上，品牌最核心的部分就是品牌价值。品牌价值是品牌对企业产生的价值，源于品牌的资产价值，也源于市场，即消费者对品牌的认可、信赖与忠诚，它是品牌区别于同类竞争产品的重要标志，也是品牌的精髓所在。

企业可以通过品牌创新来打造全新的品牌价值，以达到品牌价值创造和价值增值的目的。各位店主要想做好微店，就要先从树立个人品牌开始做起，让品牌为店铺带来巨大的价值。

下面就来详细看一下做品牌的几大好处（见图 9–1）。

1. 能够从同类产品中有效识别

现在市场上的商品多种多样，顾客想要购买所需商品易如反掌。那么，顾客为什么要选择到你的微信小店里消费呢？如果你的店铺已经形成一个

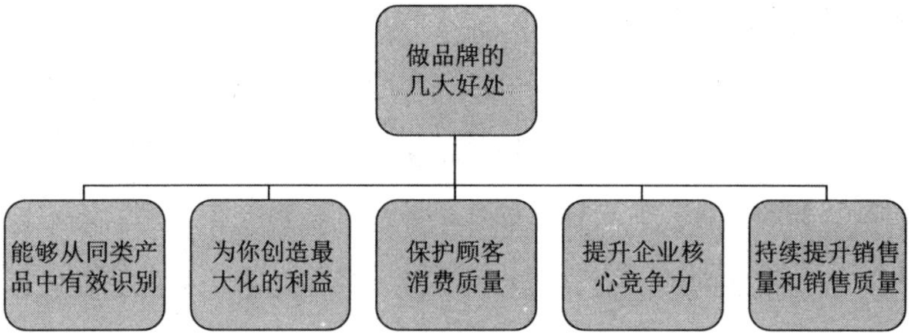

图 9-1　做品牌的几大好处

品牌，它就能使顾客从众多同类店铺中有效识别，并找到自己认可的品牌产品，这就是品牌的作用。

在《牛津大辞典》里，品牌解释为“用来证明所有权，作为质量的标志或其他用途”，即能够有效区别和证明品质。随着市场的不断演化和发展，品牌已不再是简单的品质证明和区别，而是蕴含着企业文化、个性、群体划分、实力等因素，是有效识别的标识。

如果A品牌围绕产品的所有信息传递的是时尚、动感和年轻化，那么该产品给消费者的印象便是动感的、时尚的，也会在年轻群体中备受推崇。

品牌的影响力是非常巨大的，它将直接影响顾客的购买行为。

在当今市场上，随着产品同质化越来越严格重，行业日益成熟，领导品牌悉心经营，使得打造品牌的路径变得十分崎岖。店主要想让顾客从众多产品品牌中有效地识别出你的品牌，就需要通过各种服务来满足顾客的精神需求，让顾客永远记住你，认可你，进而毫不犹豫地选择你。

2. 为你创造最大化的利益

实际上，品牌与盈利之间有着密不可分的联系。众所周知，企业获得的利润主要来自于低成本与高售价之间的差额，成本与销售价差额越大，企业所获得的利润越大。

在一个正常成熟的行业中，如果一件产品的成本是50元，那么该产品无论如何都达不到50000元的销售价格，因为成本与销售价格之间的差值有一个合理的限度。但品牌能够使企业的利益最大化，能够较好地维持成本与销售价格之间的平衡。当然，在成本通向销售价格的实现过程中，品牌的好坏直接影响各个环节价值的核算。

品牌之所以能够为企业创造最大利益，主要是因为品牌能够形成一种与企业相关联的顾客向心力。对于非品牌的企业来说，与企业相关联的顾客形成了或多或少的离心力，导致品牌企业与非品牌企业的盈利能力相差甚远。

其实，品牌在一定程度上也影响消费者的认知范围和认知度。消费者往往会不惜重金购买知名品牌，这是因为企业在建立品牌时，赋予了产品更多的内涵，比如高档、时尚等。消费者真正想要的是品牌产品给他带来的精神上的享受，这是非品牌产品所不具有的。不难看出，品牌的利润创造力非同一斑。

3. 保护顾客消费质量

顾客消费质量包括顾客获得的产品价值和体验价值。在顾客购买商品的过程中，如果店主向顾客强行推荐产品，那么店主为顾客提供的就是产品销售，而不是品牌销售。所谓品牌销售，就是为顾客提供美好的购物体验，并满足顾客的产品需求和心理需求。如今已是体验经济时代，顾客的消费质量不仅包括产品质量，还包括为顾客提供美好的购物体验以及个性需求。

一般来说，很多知名品牌能够快速占领市场，主要是因为他们为顾客提供了高质量的产品，而且服务也非常不错。这个品牌在顾客心中的印象就是有消费质量的保障，所以才会获得消费者的信任。

一个成功的品牌不仅要实现产品质量的创新和突破，同时还要为顾客提供最优质的服务，进而激发消费者潜意识上的品牌认知。品牌建设成功，顾客消费质量有保障，商家也会受益良多；品牌建设失败，顾客消费质量无法得到保证，对买卖双方的利益皆有损害。

4. 提升企业核心竞争力

在同质化的市场里，一个企业一旦拥有品牌，就相当于拥有了与其他竞争对手相抗衡的核心竞争力，是“硬”和“软”两方面实力的结合体。硬件方面包含企业的技术、设备等，软件方面则包括品牌建设、企业文化等。两者实力的综合，就凝聚成了企业强大的核心竞争力，任谁也无法复制。

实际上，品牌建设是企业核心竞争力中重要的一项。当企业发展到一定高度时，品牌的知名度也会随之提升。这时顾客关注的不是企业拥有多强大的硬件资源，而是关注企业与顾客内心的沟通。

像“苹果”等知名品牌，本身就是质量和信誉的象征。在创业门槛如此低的时代，无论你的技术核心能力有多强，只要你能够准确地向目标顾客表达出产品的优质特性，待你拥有品牌影响力，它就会成为你手中的一张“王牌”，也是一把打开市场大门的“钥匙”，使你在短时间内拥有无数粉丝，生意越来越兴旺发达。

5. 可持续提升销售量和销售质量

实际上，与顾客沟通的方式有很多，其中品牌就是一种重要方式。品牌会把企业的情感、意识、精神与产品的灵魂、内涵、特点全部传递给顾客，使双方能够进行情感交流。

当企业赋予品牌的特殊寓意激发了顾客内心的真实需求或情感时，品牌就完成了它的任务，比如促使顾客做出购买行为，进而实现企业销售。不难看出，企业进行品牌建设，就是一个与顾客沟通的过程，而品牌以及与顾客沟通的深度，则会影响企业的销售量和销售质量。

经营微信小店的目的是为了让顾客完成消费，而品牌正是促进消费行为的重要力量。

另外，企业的销售能力与品牌效益成N次方关系。也就是说，企业销售能力越强，品牌效益越大，企业销售量就会爆发式地增长。反之，则会呈现迅速衰退的结果。

品牌无处不在，它所产生的作用也是无穷尽的。品牌不但丰富了顾客的生活，影响顾客的购物行为，同时还满足了顾客的心理需求。对于店主来说，能为顾客提供不一样的消费体验，为自己带来巨大的利润，这也实现了建设品牌的最终梦想。

好品牌比你想象的走得更远

很多店主花大价钱去做推广，其实就是为了打造属于自己的品牌。品牌意味着什么？意味着顾客对你产生一种信任感和认同感。一旦获得顾客的认可和信任，生意想不火都难。

一旦你拥有了一个好的品牌，它将为你带来源源不断的客源，还有巨大的利润，甚至会加快店铺的发展，使你的微信小店比你想象的走得更高、更远。

众所周知，苹果公司已经失去了乔布斯，但它依然屹立不倒，它靠的是什么？靠的就是早已根植在人们心中的“苹果”品牌，这是任何企业都无法复制和超越的。

当然，还有其他企业做品牌也非常成功，比如小米。小米能走到今天，靠的是什么？同样是它的品牌。

微信店主如何才能打造出属于自己的品牌呢？

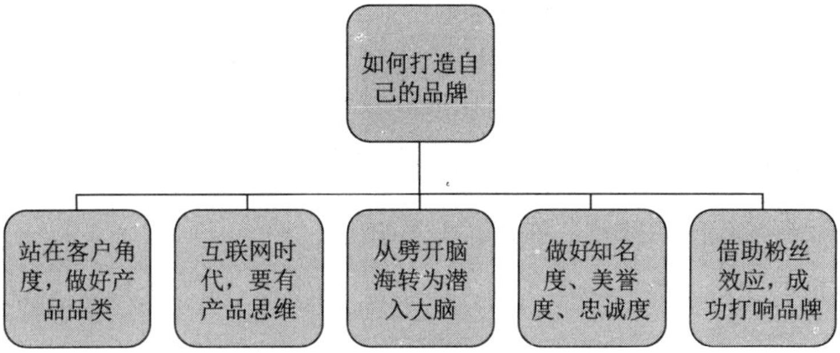

图 9-2　如何打造自己的品牌

1. 站在客户角度，做好产品品类

通常，顾客购买产品时，他们的购买思维方式是先选品类再选品牌。各位店主在做品牌时，一定要搞清楚一个问题：我是谁？这也就是品牌要解决的首要问题——品类定位。

小米手机能够成功打造自己的品牌，首先是开创了一个全新的品类：互联网手机。与此异曲同工的还有小米电视，它开创了另一个新品类：年轻人的第一台电视机。这种清晰的品牌定位，是成功的基础，也是成功的关键。

看看其他领域的品类杀手，如果你把它们曾经主打的广告语细细斟酌一下，不难发现，他们所做的不是营销，而是强化品类认知，比如“怕上火，就喝加多宝”。

2. 互联网时代，要有产品思维

以前是竞品思维，店主们关注的对象是对手而不是顾客。现在是移动互联网时代，要想更好地生存，就要从竞品思维中跳出来，要做产品思维。

“专注、极致、口碑、快”就是产品思维。我们要特别关注产品创造的价值，把产品做到极致，才能满足消费者最基本的需求。

3. 从劈开脑海转为潜入大脑

很多企业在做品牌的时候，做的就是劈开脑海。在顾客看不见产品的时候，就用洗脑的方式教育顾客，告诉他们使用产品对他们会有多好，并长期砸广告。相信大家对这种方式都不陌生。

这种方式虽然有些效果，但比较极端。而潜入顾客大脑做品牌，就不是广告式的洗脑，而是口碑渗透，让用户参与进来。用户在使用过程中会给各位店主一些反馈，帮助店主不断地将产品和服务做到极致。虽然这种潜入大脑的方式在打造品牌时过程有些慢，但其中潜藏的威力却巨大无比。

实际上，每个人都有调性，每个品牌也都有自己的调性，尤其是互联网时代，顾客对品牌的真实感是非常在意的。我们可以通过潜入大脑的方式，让顾客参与进来，通过美好的购物体验，让店铺在顾客群中口口相传，这样品牌的传播是非常快的。

4. 做好知名度、美誉度、忠诚度

实际上，企业成功建立品牌的关键在于他们对商业模式和消费需求变化的理解。以前是功能消费时代，当时人们不关心品牌。现在是品牌时代，企业需要用品牌来建立用户群，同时还要让用户参与品牌建设。

对于微信小店来说，为了能够让店铺和产品走得更远，最终形成品牌，需要各位做好产品的知名度、美誉度和忠诚度。

移动互联网时代，可以说产品即品牌。用户在意的是产品的使用价值，这是用户对产品形成忠诚度的前提。产品具备了一定的用户忠诚度，才会在业界逐渐形成自己的美誉度和知名度，然后再扩大用户的忠诚度。

忠诚度、知名度和美誉度三者可谓是相辅相成。店铺首先要保证产品的使用价值，然后再逐渐打造产品的知名度、美誉度和忠诚度。

对于一个品牌来说，知名度是为了让用户听见，美誉度则意味着走到用户身边，而忠诚度代表已经走进用户的心里。作为店主，当你拥有了大量的忠诚粉丝后，就相当于拥有了一个品牌的拥护者。

5. 借助粉丝效应，成功打响品牌

雷军曾说："台风口上，猪也能飞起来。"如果把创业者比作幸运的"猪"，那么行业大势就是"台风"，当然粉丝的参与也是"台风"。当我们拥有了一定数量的忠实粉丝，就可以借助这股粉丝效应来成功打响品牌。

粉丝效应最初都是从一个小群体开始的，大家是因为某个共同兴趣而聚在一起。在去中心化的互联网时代，未来将分化出无数的兴趣群体。虽然粉丝效应是无法设计的，但可以因势利导，通过给予粉丝更多参与互动的机会来形成粉丝效应，比如同城互动。通过这种美好的互动体验，粉丝一定会主动向他人分享美好的经历。有他们做口碑宣传，很多人都会很快熟知自己的品牌，这就是粉丝的力量。

每个成功人士开始创业时，无一不是将所有的心思都放在做好优质产品上。认真做好每件事，真心相待每位顾客，最后赢得顾客的信赖，从而打造出属于自己的品牌。当拥有了一个好品牌后，意想不到的收获就会源源不断地涌现，于是他们成功地实现了自己的创业梦想。

如果你拥有雄心大志，想开家微信小店，开创属于自己的一片蓝海，就要学会沉淀自己，做好产品，做好品牌。当你的产品拥有足够高的品牌知名度时，便是你美梦成真之时。

多露脸，在有影响力的平台提供干货

移动互联网时代，人人都是自媒体。各位的微信小店要想最终脱颖而出，最好的方式便是通过自媒体打造出属于自己的品牌。如果微信小店没有顾客，店主就很难做好生意，所以各位店主要让自己的店铺多露脸，让更多的人知道微信小店的存在，这样才会有更多的人关注你，了解你，认可你，爱上你，店铺的品牌自然就会慢慢树立起来。

很多人都知道利用微信公众号去吸引粉丝，每天都会推送精品文章。最初一段时间内，这种推广方式虽然会有一定的效果，但之后粉丝无法继续增长，这怎么能建立起自己的品牌呢！

到了这时，店主就需要主动走出去，到有影响力的平台提供干货，比如发布软性推广店铺的文章。如果文章内容很好，甚至还有机会被刊登在头条，这样就会有更多的人关注你。这不失为一个快速打造品牌的策略。

对于这一点，哈爸做得非常好。

2013 年 3 月 9 日，哈爸开通了微信公众号“经典绘本”。为了塑造属于自己的品牌，吸引更多的人关注，3 月 20 日，他在钛媒体发表了一篇名叫《像程苓峰一样，用微信养活自己？！》的文章，没想到被钛媒体作为重点推荐，放在了网站的头条。这篇文章吸引了很多人关注，进而引发上百条讨论。

哈爸的目标粉丝群体是妈妈，这一点毋容置疑，但奇怪的是他为什么会在关注科技、媒体和创业的媒体上发表文章呢？其实原因很简单，因为钛媒体具有足够强大的影响力。这个媒体有足够多的读者，而且其中必然有妈妈。虽然妈妈只是一个非常小的人群，但哈爸也不想放过。

一定有很多人好奇，哈爸在文章中到底写了什么，能吸引如此多的人关注？其实，哈爸写的文章也没有什么不寻常之处，反而很简单。

文章大致是这样写的：

“我是今年3月9日开始维护‘经典绘本’，到今天也不过10天。现在只有66个订阅者，还没有发生过退订的情况，我不知道怎么推广我的微信号。首先，当然是找有孩子的亲朋好友，但他们几乎有一半不会用微信；其次是告诉我的QQ好友，收效甚微；再次，我搜索相关的QQ群（幸好与亲子阅读、妈妈、绘本相关的群体很多）并加入。然后，我就发现很多妈妈们并不会用微信，部分会用微信的，家里或工作的地方又没有WIFI。”

在文章的结尾处，哈爸写道：“我写这篇文章的主要目的，就是希望成为爸爸妈妈的移动互联网达人、技术白领可以加‘经典绘本’”。

令哈爸没有想到的是，他发表的这篇文章居然被刊发。要知道，像钛媒体这样具有影响力的媒体，一般是不允许任何人在文章内插入广告的。更何况哈爸上传的图像是微信公众号“经典绘本”的二维码，而且他在作者简介中写有“儿童教育类自媒体主编。有小孩的你不关注‘经典绘本’关注什么？”。

就在那一天，哈爸的粉丝一下子就增长了六七百人。

不难看出，哈爸能够在较短的时间内获得大量粉丝，打造属于自己的品牌，实质是基于两点：第一，目标粉丝明确；第二，在有影响力的平台提供干货。这就是他之所以取得如此好成绩的原因所在。

无独有偶，像哈爸这样做并获得一定成功的还有很多，“少年商学院”（微信公众号）同样做得很棒。

2013年2月，微信公众号“少年商学院”正式开通，从0到5万订户用了7个多月。很多人一定很好奇，他们是如何做到这个成绩的呢？

微信公众号“少年商学院”有三个小伙伴一起运营，他们在微信公众号开设伊始立下了一个规矩：周一至周六，每天分享一篇文章，不管遇到什么困难，都要坚持做到。他们一直坚持不懈地去做，目的是为了让订户了解文章发送的规律，培养订户的阅读习惯。

每周少一篇或多一篇文章，可能并没有多少人过问。但既然承诺了，就必须要坚持去做。一旦做不到，就是失信于人，降低订户对你的信任。

起初，“少年商学院”在微信公众号上坚持每周发干货，将干货分享到朋友圈，吸引他们来关注。半个月的时间，每天都会有新的订户产生。2013年7月上旬，“少年商学院”的订户已突破1万。

为了加快打响微信公众号“少年商学院”的品牌，吸引更多的人关注，“少年商学院”的运营者瞄准了科技媒体虎嗅网，在该平台上发表了他们的文章。结果效果非常好，吸引了不少高质量的订户。

他们为什么会选择科技媒体虎嗅网？首先，他们的目标人群是爸爸妈妈们，而且这些爸爸妈妈们都比较关注孩子的健康、教育、安全。尤其是子女的人文教育，无论是平民还是富豪，都是他们非常关心的话题。科技媒体虎嗅网拥有一个非常庞大的读者群，在这里发表文章，会吸引很多的人关注。

拥有了庞大的订户群体，打响品牌指日可待。

2013年9月，“少年商学院”的微信用户已发展到3万人。这时，他们在虎嗅网上再次发表文章，这是他们发表的第二篇感悟文章。仅十天时间，他们就有了4万订户。随后，他们的文章被虎嗅网、钛媒体作为优秀的自媒体成长案例转载报道，10月10日，订户便超过5万人。此后，每天都会新增上千人，每天阅读量近6万人次，而转发分享量高达4000次左右。

不管是哈爸还是微信公众号“少年商学院”，他们的成功都是可以复制的。尤其是在移动互联网时代，人人都是自媒体，人人都可以通过自媒体创业。

创业并非易事,想要获取大量粉丝,首要任务就要打响品牌。有了品牌，顾客自然就会在第一时间想到你。要达成这一目标，如果店主有一定的写作能力，可以去有影响力的平台提供干货。一旦文章被刊登，不仅可以快速增加粉丝，还有可能带来其他机会。

或许你会认为，自己写的文章无法在有影响力的媒体平台上刊登，但你还是可以尝试的。只要你写的是社会热点，即使没有媒体愿意看你的文章，你也可以在微博、博客、论坛上发表，在这里发表一样可以获得关注和讨论。

总之，各位店主如果想打响自己的品牌，就要多曝光自己的店铺。多露脸才能引起他人的注意，吸引粉丝来关注你。在有影响力的平台提供干货，是一个非常不错的打造品牌的方式。让更多的人熟知你，品牌自然会很快塑造起来。

微店品牌建设的黑魔法

品牌是企业核心价值的体现。在同质化产品市场上，消费者对产品和服务的认同感主要依赖品牌。当品牌被消费者接受后，品牌就拥有了市场价值，因此很多企业普遍重视品牌建设。

品牌建设需要一个长期的过程。企业在建设自己的品牌时，需要掌握一定的方法和策略，因此如何建设品牌就成为了企业面临的最大问题。

对于店主来说，品牌建设是店铺保持旺盛生命力的保证，不是一朝一夕便能完成的事情。店主在进行品牌建设过程中，一定会遇到很多问题，只有一一解决了遇到的难题，才能够顺利构建店铺品牌，提高造品牌的知名度，这需要店主掌握品牌建设的“黑魔法”。

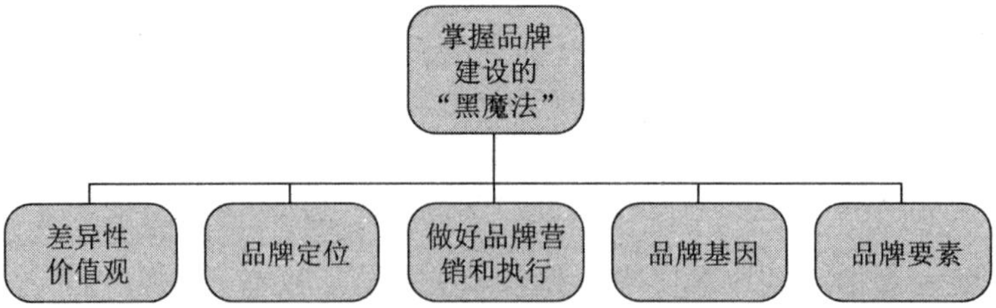

图 9-3 掌握品牌建设的“黑魔法”

1. 差异性价值观

任何一个新品牌在刚进入市场时，常遇到的一个问题就是品牌的知名度。企业如果没有品牌知名度，消费者就很难对品牌产生信任，便无法形成忠诚的消费群。在这种情况下，不但消费者会抵触不知名的产品，分销商或者代理人也会如此。

企业可以提供差异性价值观来提高品牌的知名度，给消费者一种产品性能领先且与竞争对手相比有新的卖点，或者是为消费者提供全新利益的差异性价值观。

2. 品牌定位

在品牌建设中，品牌定位很重要，它被企业作为一种发展战略。当店主进行品牌定位时，也要充分考虑品牌所处的档次、品牌服务的内涵、竞争对手、品牌追求的目标以及品牌突出的形象。更重要的是，品牌营销过程中，品牌定位一旦固定后，将不可随意改变。

比如可口可乐和百事可乐，它们的服务产品都是可乐饮料，但可口可乐追求的目标是维护全球第一，并且是正宗的口味，其目标消费人群比较大众化。百事可乐追求的目标是成为全球第一，其目标消费人群是年轻人。这两个品牌互为竞争对手，都有自己的品牌定位，并且都根据自己的定位采取相应的品牌战略。

品牌与消费者紧密相连。只要店主认真研究目标消费人群，就会找到品牌建设的突破口。对于营销来说，很多问题来源于消费者，最终也会终结于消费者。只要你找到一个机会点，为他配置产品，或者全新开发，或者在现有产品基础上进行改进，这时你做的就是品牌定位工作。

品牌定位，其实就是在一个细分市场上，找到一个能够持续说服消费者购买的理由。一旦这个理由确定下来，你的产品、广告和渠道设计都将围绕这个定位进行，这样就会形成一种资源整合。

另外，品牌定位也是对消费人群、产品价格的定位。当确定好这些内容后，店主才能更好地进行品牌推广，进而做到品牌利益最大化。

3. 做好品牌营销和执行

进行品牌建设，不仅要做好品牌定位，还要做好品牌营销和执行。品牌营销和执行也是非常关键的一个环节，需要企业将细节做到极致，为顾客提供完美的购物体验。而且要有立足于用户的服务理念和品牌意识，真正做到立足用户，为顾客提供周全的服务。

在品牌营销过程中，要多与粉丝互动。互动只是手段，重在粉丝的这份参与感。有了参与感的品牌就是一个有温度的品牌，不用自己去做推广，粉丝就会帮你口口相传，这是粉丝经济带来的巨大效应。

另外，品牌文化也是不容忽视的一种潜在力量，它是企业的一种情感。当企业将自己的情感赋予品牌时，就有很多消费者通过与品牌、企业沟通，让消费者产生情感共鸣，企业便可借势取得最佳的营销效果。

做好品牌营销方案后，接下来就要执行，也就是要将方案落实到实际操作当中。再好的战略和创意，如果不执行，或者执行出现问题，都可能会半途而废，影响品牌的建立。当然，做好一个品牌，它的原理并不复杂，复杂的是实战层面的落实和一些细节的把握。

4. 品牌基因

品牌基因主要包含两个方面，一方面是品牌核心价值，另一方面是品牌个性。品牌来源于品牌基因，不同的品牌，其品牌基因也会有所不同。品牌基因的不同，也会导致品牌的差异化。

品牌基因是企业资产的主要部分，它不仅让顾客明确识别利益点和个性特点，还能让顾客很容易就能够记住它，认同并喜欢它。这其实是顾客爱上一个品牌的关键因素。

品牌的核心价值是企业的灵魂，也是企业进行营销的出发点和核心。企业若想自己的品牌经久不衰，就必须确定一个脱离环境竞争条件或管理的核心价值。可以说，一个企业的核心价值不是口号，也不是广告语，而是能够决定品牌的生存价值。

5. 品牌要素

确定品牌要素也是非常重要的，其中包括品牌名称、标识、声音、广告语和包装等。除此之外，店主要想做好品牌，不止要做好产品外在的设计元素，也要做好产品理念设计。这一点很重要，各位店主务必谨记。

以上几点就是打造品牌时店主需要掌握的方式和方法，一旦店主熟练掌握并能够运用到实际当中去，一定会获益匪浅。

品牌的人格化特征

品牌大师奥格威曾说，“最终决定品牌市场地位的是品牌本身的性格，而不是产品间微不足道的差异”。这里所说的品牌性格，指的就是品牌个性。品牌个性是品牌人格化显示出来的一种独特的东西。如果把品牌看成一个人，那么这个人是什么样的性格，深沉还是乐观？品牌的个性，就是品牌内涵所展现出来的外在表现。一个没有个性的人，是无法让别人记住的。相反一个个性鲜明的人，就比较容易被别人记住。品牌也是如此。

消费者在购物过程中，通常会有意无意地按照自己的个性选择自己喜欢的产品品牌。一个没有品牌个性的产品，是无法与之进行情感对接的，也很难让顾客产生情感共鸣。

在产品同质化的市场上，一个拥有人格化特征的品牌，不但可以与其他产品形成一定的差异，在一定程度上还能提升品牌价值，为消费者提供一个购买动因。另外，有助于消费者与品牌的沟通。

品牌的人格化特征至关重要，它既是品牌的人性化表现，同时又具有品牌个性化的特征。一个成功的微信小店品牌，应该具备以下四个方面的人格化特征。

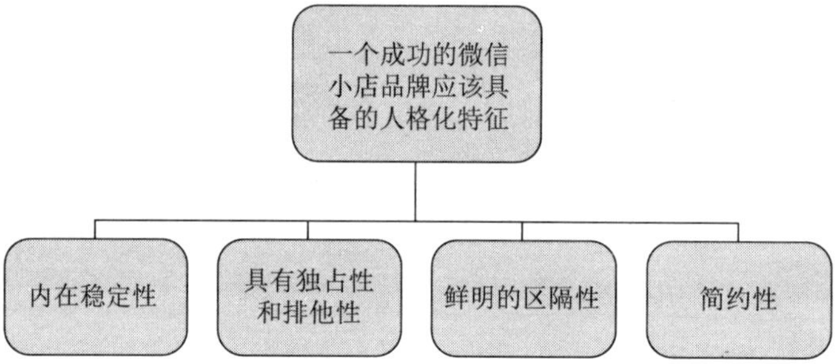

图 9-4　一个成功的微信小店品牌应该具备的人格化特征

1. 内在稳定性

很多企业在打造品牌时，由于品牌定位飘忽不定，导致品牌的个性模糊不清。这不但不利于品牌的发展，还很难在消费者心中留下深刻的印象。

品牌个性一定要保持稳定性，只有这样才能创造品牌的稳定形象。同时，稳定的品牌个性是品牌占据消费者心智模式的关键，也是品牌与消费者体验的对接点。

倘若品牌个性没有内在的稳定性，消费者就无法辨别出品牌的个性。

比如，一个人变化无常，没有稳定性，周围人就无法辨别出他的性格是什么样的，自然无法吸引相同性格的人喜欢，品牌也是如此。

如果一个品牌的个性不能保持稳定，就很难与消费者进行个性对接，消费者自然不会主动选择这样的品牌，品牌也就失去了自身的魅力。为何一些大品牌企业坚定不移地塑造自己的品牌个性，归根到底就是为了更好地吸引和稳定自己的目标消费人群。

比如沃尔沃一直塑造一种“安全”的品牌形象，这就使得它在目标消费者心中是安全可靠的。当消费者想要购买安全的汽车时，就会毫不犹豫地选择沃尔沃。

2. 具有独占性和排他性

品牌人格具有一定的独占性和排他性。换句话说，只要品牌个性在消费者心中形成了一种品牌形象，那么其他任何品牌都很难代替。品牌个性表现出的强烈排他性，使得竞争对手无法模仿和复制，这对品牌持续经营非常有利。

比如，锐步的品牌个性就是野性、年轻、有活力等，这个品牌个性不仅与目标消费群体的个性相符，征服了很多潜在的顾客，而且它的排他性让竞争对手无法复制，难以抗衡。

不过，当品牌发展到垄断市场地位时，品牌个性就要稍微收敛些，以免引起不必要的麻烦。就像微软公司，当它开发的电脑桌面软件垄断市场后，“张扬自我”的个性依然没有改变，最终引起很多消费者的反感，结果招来不少负面问题。

3. 鲜明的区隔性

实际上，塑造品牌人格的根本目的是为了帮助消费者认识品牌、区隔品牌，从而让消费者接受品牌。品牌个性是品牌核心价值的集中表现，最能体现一个品牌与其他品牌的差异。尤其是在同类产品中，由于很多细分品牌的定位差异不大，这样就能通过品牌个性来表现出自己与众不同，进而实现品牌区隔。

比如，在日化产品的细分品牌上，宝洁公司有飘柔、潘婷等多个品牌。这些品牌之所以都能够获得成功，主要原因是它们在产品细分功能上都提炼出了单一的独特卖点。

针对不同顾客的利益需求，塑造不同的品牌个性，使得各自都具有非常明显的差异性，进而实现了细分品牌的区隔，以达到多品牌经营的目的。关于这一点，各位店主应该多向宝洁公司学习。

4. 简约性

品牌个性只是具有内在的稳定性、外在的一致性、区隔性和排他性还远远不够，还要简单易识别，不能太复杂，这一点很重要。

很多企业在进行品牌建设时，强加给品牌很多个性，结果适得其反。实际上，品牌的个性并非是人为强加给它的，而是品牌内容的一种外在表现，是消费者在体验品牌时产生的一种自我认同。

各位店主一定要牢记一点，品牌的个性在于消费者的认同。你可以引导并塑造品牌的个性，却不能强加它更多的个性。

总之，店主经营微信小店时，一定要努力打造一个人格化的品牌。通过品牌自述，传递出来的人格魅力就能让顾客产生共鸣，这样它就会自动生成一种“魔法”，敏锐地抓住消费者难以描述的情怀。这其实就是抓住了顾客的心理需求。这种他们想要又欠缺的东西，是最能吸引他们的，所以他们最后能够毫不犹豫地从众多品牌中选择你的产品。

让粉丝参与品牌建设

在移动互联网时代，人们的消费观念正悄然发生变化：从需求消费转为个性消费，再转为体验消费。消费者对品牌的认识有了一个质的飞跃，他们的品牌意识正在不断增强，越来越关注产品的安全和用户体验。他们在购买商品时，往往对知名度很高的品牌产品情有独钟，而且信赖有加。

在品牌建设中，各位店主要牢记一点：你的品牌永远属于消费者。只要你遵循这一点去做，让粉丝参与到你的品牌建设中，形成互动，并向他们兜售参与感，那么这种互动一定能做出最有效的品牌来。

很多企业的成功，正是源于注重消费者“参与”的经营理念。小米就是注重粉丝参与的一个成功案例。对于小米的成功，小米的联合创始人黎万强这样说道：第一是参与感，第二是参与感，第三还是参与感。

2014 年 11 月 15 日，小米科技董事长雷军在第七届中国版权年会上发表演讲，向大家分享了两个数字。第一个是在电商狂销节“双十一”当天，小米在天猫商城创造了两个吉尼斯记录：第一，小米当天销售产品金额为 15.6 亿元，约占天猫全店的 3%，在单店销售排名第一；第二，天猫店创造了吉尼斯世界纪录，售卖手机共 189 万部，其中小米就占了 116 万，占比 61.3%。除手机外，小米电视单品和平板电脑均排名第一，这是雷军告诉大家的第一个好消息。

第二个好消息是，小米手机不但在中国市场拥有最大的市场份额，而且他们的份额在全球已进入了第三位，紧逼三星。

为什么小米能获得如此大的成功，其实这跟他们的品牌建设有关。小米品牌建设的参与者不是只有公司员工，还有众多的米粉们。

产品即品牌，雷军很清楚，所以他让粉丝参与到产品的研发中，让米粉为他们出谋划策。利用群众的智慧结晶做出来的产品，一定是粉丝们所喜欢的，所以每当小米上市一件新品，就会有无数发烧友参与抢购，瞬间销售一空。这些米粉拿着自己参与研发的产品，还会兴奋地奔走相告。在新品售出后，小米的粉丝们又积极地参与产品的口碑传播和每周的更新完善……

从没有一家企业像小米这样，让粉丝和品牌贴得这么近，互动这么深入。在互联网中，粉丝扮演着产品经理、口碑推荐人等多种角色。他们兴致勃勃地参与到品牌建设的每一个环节中，故而小米才能走得这样高、这样远。

可以说，小米的成功离不开粉丝。粉丝积极参与到小米的品牌建设中，有了粉丝的支持，小米自然能够获得如此大的成功。当然，兜售参与感并不是小米的专利，只要你跟着小米学习并借鉴他们的方法，相信你也可以像小米那样获得成功。

产品同质化的市场，品牌是让顾客从众多产品中有效识别你的产品的标识。就像人们选择苹果、三星手机一样，人们对品牌产品有着不容质疑的认可，这就是品牌效应。很多企业致力打造品牌，就是为了获得顾客的认可，进而提高销量。

获得顾客的认可其实很简单，比如让粉丝参与品牌建设，按照粉丝的想法去做产品和服务。让粉丝参与进来，会让粉丝对自己参与过的产品产生认同感，进而会购买这种产品，甚至会将美好体验分享给亲朋好友。这样口口相传，品牌自然就树立起来了。

富军也是成功运用这一点，从而打造了一个粟米品牌。

富军曾经是做五金配件外贸生意的，后来在富军太太的启示下，开始了卖米生涯。凭借熟悉微信平台运作的优点，他通过朋友圈售卖粟米，仅用三个月的时间，便创下200万元的销售额。富军能取得这样的成绩，不仅得益于他适销对路的圈层营销，更得益于他的品牌建设。

富军拥有3000位粉丝的时候，并没有努力去做品牌。不过敏锐的他发现，事件营销能带来爆发式的效应，为了博取众人的眼球，他亲自参与“上海国际马拉松”比赛。结果此活动结束后，富军登上了各大新闻头条，不但成为一个话题人物，还成为一个新闻热点人物。认识富军的人越来越多，购买他粟米的粉丝也越来越多。

这时候，富军开始意识到品牌建设的重要性。以前，富军每周都会在朋友圈里发送6条信息。商品信息大多围绕“粟米”这个主题，比如各种粟米套餐和健康生活方式等。后来，富军的粉丝发展到3万人后，富军的朋友圈就自成了一个“媒体发布中心”，上面会出现商学院活动召集、社会公益活动发布、各种商业资源交互信息以及咨询求助等。

富军就是依靠朋友圈成为自媒体人的。他在打造粟米品牌时，每当遇到问题，比如粟米的名字或广告语等，甚至是开展创意活动，他都会主动求助朋友圈好友。朋友圈里的高手就会帮忙想出几个好创意，最后富军再从中选出一个最佳的方案。

来自朋友圈的朋友都十分关心富军的事业，他们积极参与粟米的品牌建设，为富军出谋划策，和富军一起商讨最佳的方案。这种参与感，促使他们对粟米这个品牌产生强烈的认同感，所以一直支持富军，将富军当作有求必应的“万能消息中心”。

当然，大家都会因为信任富军这个人而信任他售卖的有机大米。也是由于认可他这个人，才认可他创造的粟米品牌。

开店三个月，购买他大米的客户几乎全部来自于他的微信好友，而且常常在微信朋友圈这样跟他打招呼：“富军，我认识你。你家大米我吃过，很好，我要订一年。”截至 2013 年 11 月底，富军积累了全年订户 200 个，而这些订户大都来自各种熟悉或素未谋面的微信好友。

或许，富军 3 个月创造 200 万元的营业额，只是他售卖粟米的开始。未来，微信平台还将为他带来更大的空间和无限的可能。

富军能够在最短的时间内塑造粟米品牌，这与他积极邀请朋友圈的粉丝参与品牌建设有非常大的关系。因为粟米品牌是粉丝们共同参与完成的，他们不但会对粟米品牌产生强烈的认同感，还会一直支持富军的事业。

很多人都认为打造一个品牌需要花费很多钱，富军的创业故事则会告诉你，即使你是一个小企业或者个体经营者，只要你熟悉“媒体”运作规律，也可以像富军一样，用最低的成本，在最短的时间取得最高的利益。

第十章
数据很好看，但你是否真的赚钱

微信小店每天会有大量订单产生，自然就会产生不同的数据，包括成交金额、订单数量等。这些看似毫无作用的数据，却能够产生巨大的作用。店主可以用它来评估店铺的营销效果，分析微信小店是否真的赚钱。更重要的是，店主还能利用这些数据不断改善自己的经营策略，从而让店铺持续稳定地发展。

用好微信小店和服务号后台功能

微信小店虽然比其他微店平台上线晚（比如口袋微店、口袋通、喵喵微店等微店平台），且入驻微信小店具有一定的门槛，但依然阻挡不了人们开微信小店的热情。经过繁琐的微信认证，开通微信支付后，各位就可以开通微信小店了。

微信小店开张后，各位店主便可以在各大社交平台推广店铺。在推广店铺的过程中，为了吸引粉丝，培养粉丝忠诚度，很多店主会开展各种促销活动。活动结束后，店铺是否赚钱了呢？这就需要店主根据相关数据来评估一下店铺的营销效果，那么如何评估营销效果呢？

店主可以借助微信小店和服务号功能来进行评估。虽说微信公众平台还在不断完善自己的功能，但这些营销效果分析功能还是非常不错的。当店主进行营销推广时，营销活动后的店铺收益是反映营销效果最有力的指标，这些指标在微信公众号上很容易就能看到。利用微信小店和服务号后台功能，便能很快评估出店铺的营销效果以及经营状况。

下面一起来看看微信小店和服务号后台有哪些功能能够用来分析店铺的营销效果以及经营状况（见图 10-1）。

1. 微信小店的小店概况

从微信小店的小店概况中，店主能够看到待发货订单和待处理维权/

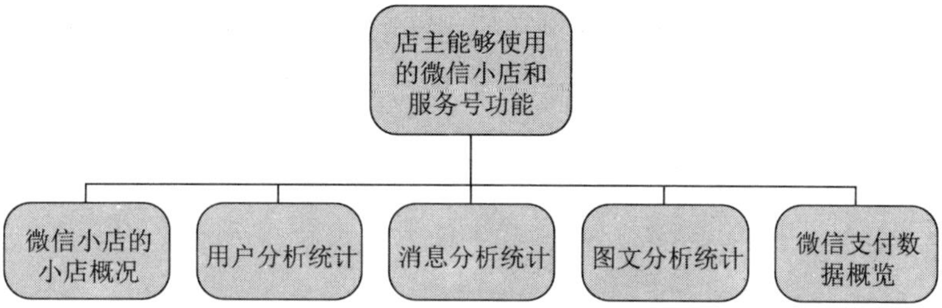

图 10-1　店主能够使用的微信小店和服务号功能

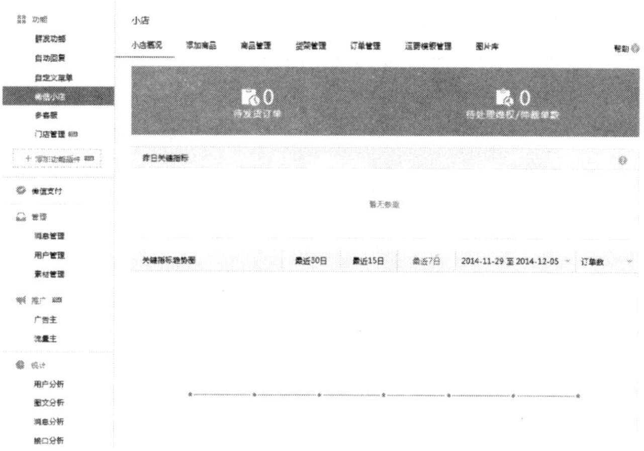

图 10-2　微信小店的小店概况

仲裁订单的相关数据。除此之外，店主还能看到昨日的关键指标和关键指标趋势图。

其中关键指标趋势图显示最近 30 日、最近 15 日以及最近 7 日的订单情况，让店主能够大致了解店铺的订单情况。

若想具体了解某段时间店铺的经营情况，可查看“关键指标明细”。上面会显示日期、订单数、成交商品数、成交额、商品浏览量、货架游览量、小店访问量。

从小店概况显示的相关数据，店主能够了解商品的曝光次数、商品点击量和最终成交的商品数量。利用这些数据，大致能够评估出商品转化率的高低，也能够直观地分析出店铺中最受顾客欢迎的热销产品，以便进行店铺位置调整等其他工作。

2. 用户分析统计

用户分析是由用户增长和用户属性两部分组成的。其中用户增长数据，可在昨日关键指标中看到新关注人数、取消关注人数、净增关注人数、累计关注人数等相关数据，用于了解昨天的新增粉丝数量。

在关键指标详解中，可以通过趋势图大致了解新关注人数的情况。也可以按日、周、月等时间单位进行营销活动前后的关注人数对比，以此来评估店铺的营销效果。

另外，店主也可以观察并分析这些粉丝的增长来源，其中包括搜索公众号名称、搜索微信号、图文消息右上角菜单、名片分享、扫二维码及其他，

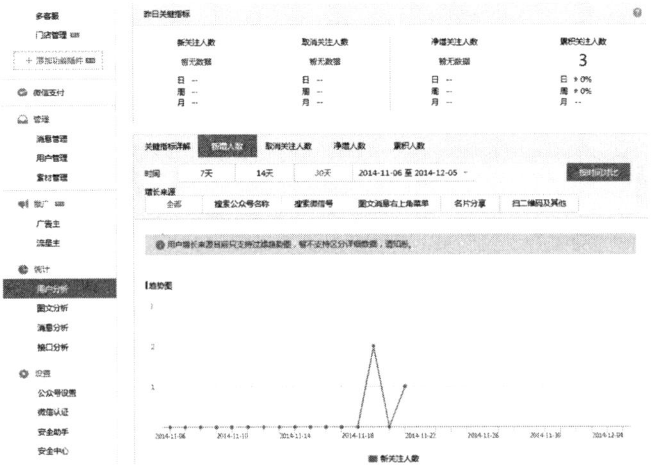

图 10-3　用户分析统计

相关数据都能通过趋势图来显示粉丝来源情况。通过此数据统计，店主可以大致评估出自己的营销效果是否有效。如果你想具体到某天或某段时间内的新关注人数情况，也可以查看详细数据。用户属性也是非常重要的一个分析统计，主要包括性别分布、语言分布、省份分布、城市分布、终端分布（机型和用户）。

不管是用户统计还是用户属性，都能从数据统计中分析出粉丝的增减情况和粉丝的基本情况（粉丝性别、粉丝 IP 地址、机型分析），大致评估出店铺推广效果。尤其是新增粉丝数量，能够明显反映出营销效果如何。

3. 消息分析统计

消息分析统计包括消息分析和消息关键词两个方面。消息分析分为昨日关键指标和关键指标详解，其中昨日关键指标只显示昨天的消息发送人数、消息发送次数和人均发送次数等数据。此数据是用来查看昨天店主与粉丝互动情况的。

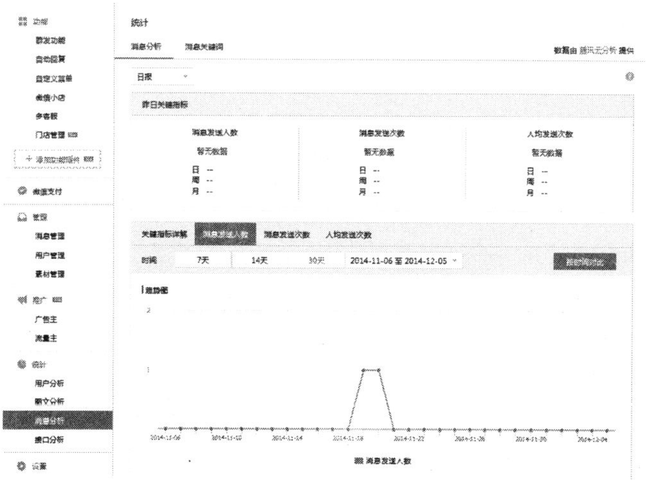

图 10-4　消息分析统计

关键指标详解则与昨日关键指标不同，店主可以按小时、日、周、月等方式来查看店主发送信息的趋势图以及消息发送次数分布图。具体的情况，店主也可以查看相关详细数据，以此来了解店主每天与粉丝的互动次数，以及参与互动的粉丝人数，这都是店主主动与粉丝互动的情况。

消息关键词主要分为自定义关键词和非自定义关键词两种类型，店主可以看到粉丝互动的详细数据，它属于线下互动。也就是说，当店主不在线时，粉丝进行关键词回复，或者非关键词回复。由此数据，店主大致可以分析出粉丝的需求是什么，关注最多的是什么，店主设置的自定义回复到底能否帮助粉丝。如果有很多粉丝提出大致相同的问题，以前没有出现在自定义回复内容内，店主就可以添加进去，以增加与粉丝的互动，提高粉丝转化率。

图 10-5　消息关键词

从消息粉丝统计，店主能大致了解参与互动的粉丝人数以及互动次数。一般来说，有互动就有交易。从互动的发展趋势可以大致评估出店铺的推广效果，这样店主便可据此制定出相应的策略。

4. 图文分析统计

图文分析统计主要包括图文群发和图文统计两个方面。其中图文群发是店

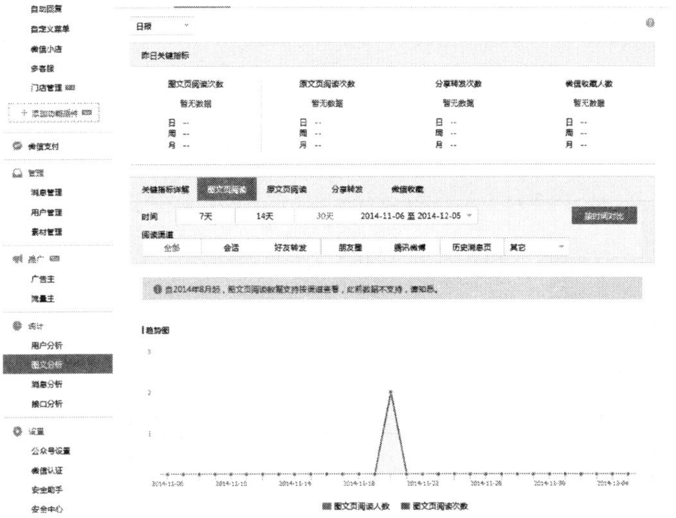

图 10-6　图文分析统计

主进行图文群发的情况，图文统计则是显示店主发送图文群发后的情况。

图文统计分为昨日关键指标和关键指标详解，这里详细说一下关键指标详解。它有小时报和日报两种，店主可以根据自己的需要去选择。之后就能看到图文页阅读、原文页阅读、分享转发、微信收藏等相关数据，店主也可以按日、周、月的方式浏览。

从图文页阅读人数和图文阅读次数的趋势图，店主可大致了解文章受欢迎程度。另外，店主也可以了解一下粉丝的阅读渠道，比如会话、好友转发、朋友圈、腾讯微博、历史消息页或其他，以此数据来查看粉丝来源是否跟自己的推广渠道相关，用于评估营销推广效果。

从图文分析统计，店主可以大致了解查看阅读图文页的粉丝数量以及粉丝来源，评估店铺的营销效果如何。如果看的人多但成交率低，店主就要分析原因，改变营销策略，以吸引粉丝的关注，提高粉丝转化率。

5. 微信支付数据概览

实际上，微信支付数据概览能最直接地反映店铺营销效果。店主可以从上面显示的基本数据看出店铺的盈利情况，还可按照昨天、最近 7 天、最近 30 天成交金额数据，分析营销活动前后有无很大的反差。将前后数据进行对比，就能够轻松掌握店铺的经营效益了。

总之，微信公众号为店主们提供了非常全面的功能，使得店主可以借助微信小店和服务号后台的功能来统计和分析，最终评估店铺推广活动的营销效果和经营状况。这些功能对店主经营并管理店铺有很大帮助，值得各位店主深入研究。

如何进行粉丝转化率评估

移动互联网时代也是粉丝经济时代，在这个时代，人人都可以做自媒体，人人都可以创业当老板。不过开店虽易，积累粉丝却不易，没有粉丝生意照样难做。

很多人为了吸引粉丝，做了大量的推广工作，但效果依然不佳。那么拥有大量粉丝的人，生意就一定红火吗？也未必！虽说得粉丝者得天下，拥有大量粉丝是好事，但这些粉丝未必都能成为你的顾客，购买你的产品，这就涉及到了粉丝转化率的问题。

粉丝转化率，大意是指顾客进行目标行动的访问次数（成交人数）与总访问次数的比率。影响粉丝转化率的因素有很多，比如产品属性或互动频率等。既然产品属性和互动频率是影响粉丝转化率的因素，自然也是评估粉丝转化率的方法。

当你想知道店铺运营的实际情况，或者是想知道店铺的营销效果如何，可以从粉丝转化率得知。那么又该从哪些方面来评估粉丝转化率呢?

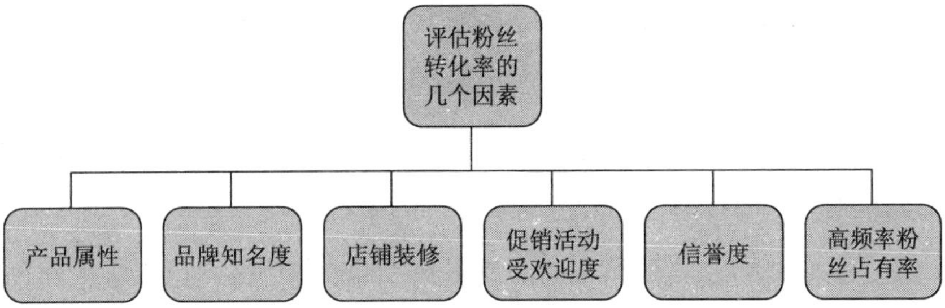

图 10-7　评估粉丝转化率的几个因素

1．产品属性

产品是销售的基础，产品属性对粉丝转化率高低起到非常重要的作用。在同质化日趋严重的市场，能否让顾客找出你的产品差异性，取决于以下几个方面。

首先是商品价格。商品价格是直接影响粉丝转化率的一个重要因素。如果你的其他服务都做得比较到位，但商品价格在市场中偏高，顾客大多会货比三家，选择服务差不多，商品价格比较低的店铺购买。

其次就是产品质量。想要有一个较高且持久的顾客转化率，产品质量是前提条件。

再次是产品力。产品力比较高的话，顾客转化率肯定低不了。

最后就是产品线。一些高标价低折售产品（流量产品）、边际需求高利润产品（利润产品）和高价高品质产品（活动赠送）等售出率的多少，也能够看出顾客转化率的高低。

店主要评估粉丝转化率，可以从产品属性来大致评估，比如商品价格在同类市场中偏低还是偏高、产品质量好坏等。

2. 品牌知名度

很多人都认为品牌是一个很虚的东西，这说明他们的品牌意识不强。品牌是可以给拥有者带来溢价、产生增值的一种无形的资产，这种载体是用来与其他竞争对手的产品进行区分的名称、记号或者设计以及组合，增值的源泉来自于顾客心中形成的关于载体的印象。

就像我们吃汉堡包时第一时间就想到“肯德基”，喝可乐就想到“可口可乐”一样。这种品牌效应是不容任何人忽视的，在很大程度上可以提高粉丝的转化率。

一般来说，品牌知名度越高，粉丝的转化率就越高。因为在他们的潜意识里，只有品牌知名度高的产品，质量才有保证，服务才让人放心，产品才让人值得信赖。人们购物时，往往会选择品牌知名度高的产品。

如果你想评估一下自己的粉丝转化率，就要看自己选择的产品是否是品牌，产品品牌的知名度有多高，从这里大概就能评估出粉丝转化率的高低了。

3. 店铺装修

当顾客进入店铺时，首先看到的就是店铺装修。商品图片是否新颖，商品货架模板设置是否合理等，都是影响顾客购物的因素。

如果店铺装修不合理，顾客看到的是杂乱无章的店铺，那么顾客就不能快速找到所需商品，也就不会下单，粉丝转化就非常低。这一点，店主可以从每日客流量或者收藏人数中看出店铺的受欢迎程度，由此大致评估粉丝的转化率。

4. 促销活动受欢迎度

当店主开展一场促销活动时，可以观察一下每天的粉丝活跃度。如果粉丝在这场活动中活跃度很高，每天都有大量订单产生，比平时多出很多倍，就可以大致评估粉丝转化率的高低了。

不过，为了更加精准地计算粉丝转化率，店主可以在促销活动结束后，计算一下粉丝浏览总人数以及参与此活动达成交易的粉丝人数，两者相除，便可得出粉丝转化率。这样，店主就能凭真实的数据来评估粉丝转化率的高低了。

5. 信誉度

顾客进入你的店铺后，看见你拥有很高的信誉度，就会放心地购买你的产品。如果你的信誉度很低，即使你的产品再好，顾客通常都不会选择购买。微信小店作为新事物，顾客接受它需要一个过程。在一个陌生的店铺购买产品，最能让顾客放心购买的因素就是信誉度。一旦顾客对你产生信任，就会毫不犹豫地选择购买。

信誉度的高低会直接影响粉丝的转化率。一般来说，信誉度高，顾客对你的信任就越高，下单的几率就高，粉丝的转化率也就更高。

6. 高频率粉丝占有率

在店铺购买商品的顾客，其中80%的顾客是由20%的老顾客带来的。这20%的老顾客也是因为与店主的互动次数多，对店主以及店铺的信任度极高，才会多次光临店铺的。

由老顾客带来的80%顾客，大多是促销活动吸引来的新顾客。这些顾客与店主的互动次数很低，要想将这些顾客转化为老顾客，就要多与其互动。让粉丝在互动中加深对店主以及店铺的印象，自然就会多光顾店铺。

要想评估粉丝转化率的多少，店主可以按互动次数来划分顾客，大致计算一下高频率粉丝占有率是多少，这样店主就能大致评估出粉丝转化率的高低了。

以上是评估粉丝转化率的几种方法。只要你掌握了这几点，并将其运用在微信小店的实际运营当中，相信你就能大致评估出自己的粉丝转化率了。

如果你的粉丝转化率较高，说明你的店铺运营能力不错，粉丝的粘合度很高，营销效果也不错。反之，粉丝转化率低，你就要反思一下自己，是哪方面做得不到位，才导致粉丝大量流失的。找到问题所在，然后采取相应的措施来留住粉丝。

制定营销考核标准

很多店主在评估微信小店的营销效果时，都会参照一些回报要素，比如新顾客增长率、订单数量等。通过对这些数据的研究和分析，才能够充分了解营销收入与实际回报收益的对比情况，从而估算自己的营销工作到底产生了多大的效果。

为了达成这一目标，很多企业都制定了营销考核制度。对于开微店的店主来说，完全可以效仿他人，制定出一套属于自己的营销考核标准，用来衡量店铺的营销力度和效率。

如果你有预算意识，那么恭喜你，你可以通过建立营销跟踪体系以及营销业绩衡量标准，以实现具体某个潜在目标，比如营销组合设计等活动。通过资源优化配置，提前预测未来可能发生的情况并作出评估分析，评估投资回报，才能实现店铺产品或资源优化配置。

由于各个行业的营销方式和投入方式存在差别，营销考核标准并非是统一的，各位店主可以结合自己店铺的实际情况，制定自己的营销考核标准，以此来评估营销效果。

各位店主在制定营销考核标准时，一定要遵循以下几个原则。

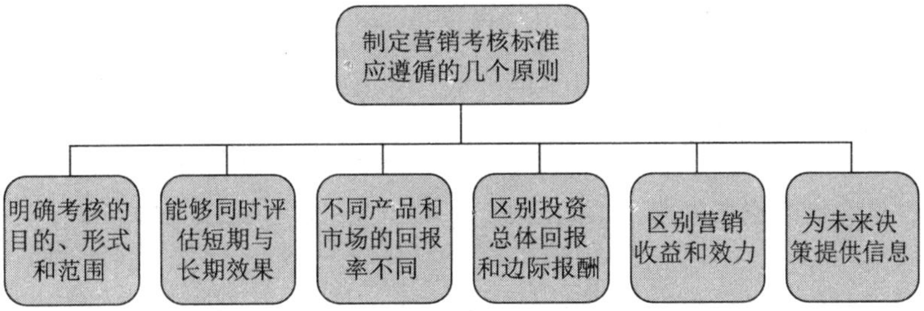

图 10-8　制定营销考核标准应遵循的几个原则

1. 明确考核的目的、形式和范围

制定营销考核标准没有一个统一不变的模式，衡量营销投资回报也没有一个最佳的标准，这就跟衡量店主的财务情况没有一个最佳方法是同一个道理，但是店主首先要明确营销考核的目的、形式和范围，之后再结合店铺的实际情况去制定自己的考核标准，进而衡量出店铺产品的整体营销效果。

2. 能够同时评估短期与长期效果

微店的营销效果不是单元的，而是具有多元的。也就是说，有些营销效果或许能够及时见效，而有些营销效果要在很长一段时间之后才能显露出来，并且长期存在。

各位店主在制定营销考核标准时，一定要全方位思考，尽量考虑周全一些。在认可多元效果的基础上去想问题，同时还要针对这些效果提供不同的评估方法。

3. 不同产品和市场的回报率不同

各位店主在作出营销决策时，容易进入一个思想误区，总认为增加既定的这件产品的营销投入，要比之前的产品带来的回报率更大。实际上这种想法是错误的，因为产品和市场在规模大小、利润率以及在竞争中所处的地位都有明显的差异，所以不同产品和市场的回报率是不相同的。

在制定营销考核标准时，各位店主一定要清晰地认识到这些差异的存在，提前评估它们对财务状况产生的影响，才能更加准确地预测营销活动的效果。

4. 区别投资总体回报和边际报酬

在制定营销标准时，如果店主想要提高营销效率，就需要区别总体回报和边际报酬，了解营销投资最终带来的回报。尤其是随着时间的不断推移，营销效力会不断增加，有效的考核标准就会跟踪边际报酬增加的那部分，并且还能够找出营销活动的回报开始下滑的时间点。

另外，营销考核标准应该能够为店主提供营销活动中各方面的相关信息和反馈，这有助于店主确定哪件产品新增加的投资无法带来预期的回报。

5. 区别营销收益和效力

在制定营销考核标准时，大多数标准都是针对营销效力来衡量的，比如与顾客互动的人数。不过也有一些标准是用来衡量生产效率的，比如每次销售的平均成本。可以说，这些标准都是根据某一点制定的，每一项衡量标准都是各有所用，其目的是为了帮助店主有针对性地作出相应的决策，因此店主不能单独将某一项标准拿出来去评估，而是要放在一个整体中去考虑。

防止思想过于片面，才能避免作出错误的决策，以减少不必要的损失。

另外，店主在制定营销考核标准时，一定要将营销收益、效力以及生产率等指标考虑进去。尤其是在区别营销收益与效力时，最好提前预测出其会对财务收益带来哪些直接或间接的影响，以免后续工作出现重大问题。

6．为未来决策提供信息

在制定营销考核标准时，各位店主还要充分考虑到这一标准必须要能为未来的决策提供信息，因为它是店主日后查找影响营销活动追溯效力的有力证明，而且店主还能对未来的经济收益作出有效评估。

虽然店主做出的各种营销投资确实能为店铺带来一定的收益，但这只能从某项成功的营销活动中体现出来，并没有具体说明从该活动得到哪些启示，以便店主预测出该活动的经济收益情况，或者是帮助店主在未来作出正确的决策。

一个好的营销活动考核标准，应该能够为店主提供一个可信的、强有力的相关预测手段，便于店主考察举办的营销活动。比如进行广告推广或是产品促销等，能够有效评估出该活动为店铺带来多大的收益，以帮助店主在未来作出相应的决策。

另外，各种营销活动的回报预期都是不同的。各位店主都想了解自己投入的每一笔营销资金究竟会带来多大的收益，或者是什么时候能够实现这些收益，所以制定的营销考核标准一定要有财务概念，要与财务表现联系在一起去衡量。店主要认真思考投资风险和回报，才能从备选的营销活动中作出最佳选择。

在营销领域，人们都非常注重营销效果的评估以及考核标准的建立。对店主来说，每开展一次营销活动，都要认真制定营销考核标准，尤其是要站在店铺的经营模式上，这样才能帮助店主从经济和财务的角度找到方向指导，以便日后具体考核时有据可依，帮助店主正确考量微店的营销效果。

如何评估微店营销效果

对店主来说，微店营销是必须进行的一项工作。营销活动的推广力度决定店铺产品的知名度，如果营销效果不错的话，不但能提高店铺的销售量，还能提升店铺的人气。什么样的营销效果才算是不错呢？这就需要店主在每次开展营销活动时，要及时对微店的营销效果进行评估。

在评估微店营销效果以前，店主就要提前做好营销准备工作，比如确定营销目的是什么，是为了增加微店的曝光率，还是进行产品推广等。只有确定了微店营销的目的，才能对微店做出精准的评估。

店主要及时地对各种营销活动作出评估，而微信公众平台则为我们提供了相关的评估数据。各位店主可以将这些数据与之前的同类数据进行对比，然后分析营销活动产生的销售额和市场占有率是否有所提高。

那么怎样才能判断一家微店是赚钱还是亏本，从哪些方面来评估一家微店的营销效果呢？一般来说，微店营销效果评估包含以下几个要素。

1. 粉丝数量

粉丝经济时代，有句话说得极好："得粉丝者得天下。"你拥有多少粉丝，就意味着有多少粉丝可能会转化成顾客。粉丝数量是评估微店营销效果的一个非常重要的参考指标。如果你拥有庞大的粉丝群体，很大程度

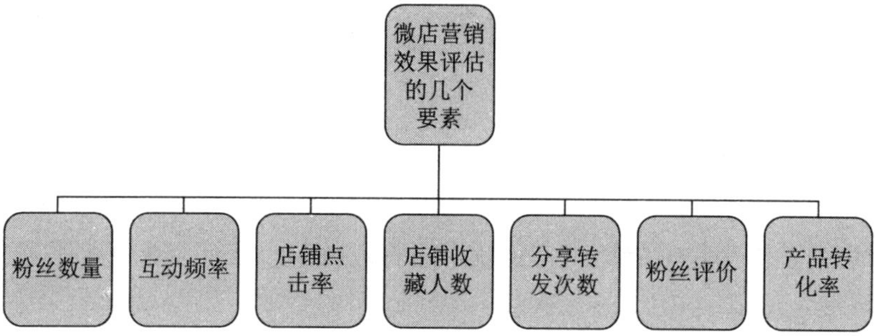

图 10-9　微店营销效果评估的几个要素

上代表了店铺知名度很高，反之亦然。在某段营销活动期间，粉丝数量的增长趋势则能体现出微店的营销效果。

不过，在营销领域也盛传着这样一句话：一切以粉丝数量作为指标的行为都是要流氓。这句话带有调侃意味，但其中的道理放在微店营销领域中同样适用，原因很简单。粉丝数量多固然是件好事，但在粉丝群中不乏很多“僵尸粉丝”，他们对微店产生不了太多价值。如果店主一味地追求粉丝数量，就会失去营销推广的价值。

店主进行粉丝数量评估时，一定要结合店铺对于营销工作的要求以及店铺产品或者品牌传播力度等，不能单纯地看粉丝数量，要客观地对营销效果进行评估。

2. 互动频率

微店的互动频率指的是店主与粉丝进行互动的频率。对店主来说，与粉丝互动可以增加与粉丝之间的信任和感情，使得其他竞争对手运用任何营销手段都无法动摇粉丝的心。当然，店主与粉丝互动的频率越高，粉丝对店主的信任度也会越高，其黏性也会越强，粉丝对店铺所售产品的认可度也会更高。所以与粉丝互动的情况，是最能反映营销效果的。

与实体店的营销效果一样，参与互动的人越多，产生交易的订单就会更多。参与互动的粉丝在活动中越活跃，越能体现营销活动的成果。

3. 店铺点击率

店铺点击率是最能反映营销效果的有效数据。店铺点击率都是真实的数据，不能胡编乱造。

店主可以通过店铺点击率来了解微店的营销效果，还能根据店铺点击率的多少，及时作出相应的调整，以便最大限度地通过营销活动达到营销目的。

4. 店铺收藏人数

从粉丝关注店铺（即店铺收藏人数）的数量，不但可以直接看出店铺的受欢迎程度，还能从侧面体现出微店营销效果。

如果你想让粉丝对你的店铺产生兴趣，就要多从店铺设计、商品货架模块等各方面下功夫，以此来吸引更多的粉丝关注。

5. 分享转发次数

一般来说，分享转发次数越高，店铺的曝光率就越高，受到的关注度也会越高。这些关注的粉丝极有可能会下单，所以各位店主也可以根据微信公众平台的“分享转发次数”评估微店的营销效果。

6. 粉丝评价

粉丝评价是各位店主能直接看到的店铺营销效果。粉丝评价是粉丝在营销活动中感受到的购物体验最直接的一种表达方式，他们会将自己的购物体验以及产品使用效果等，直接用文字表达出来。

若店主想要更直接地了解店铺的营销效果，完全可以通过粉丝评价，或者是定期的粉丝调研来了解实际情况，比如微店的营销反响或产品的受欢迎程度等。

7. 产品转化率

前面说的几点要素比较客观，仅能从侧面来反映微店的营销效果，需要店主自己去分析并评估，而销量是比较直观并能直接体现店铺营销效果的标准。各位店主只要根据某一段时期的产品点击率和产品销量，就可以计算出产品销量在产品点击率中所占的百分比，即产品转化率。

店主所做的一切营销活动，其目的都是为了促使顾客完成交易。产品转化率是营销最终得出的结果，它是微店营销效果最有效的凭据。

另外，店主还能从产品转化率直接看出产品销量的好坏，进而得知哪些产品的营销工作做得好。了解了这一情况，便于店主有针对性地研究和推广，也可将此营销策略应用在其他产品上，从整体上来提升微店的营销效果。

以上几点是微店营销效果评估要素，根据这几点，店主就可以对自己的微店营销效果进行初步的评估。自己的店铺是否赚钱，相信各位店主借此评估以后，早已做到心中有数。

粉丝质量评估

在粉丝经济时代，只要你有优质的商品，或者是一流的服务，或者是个人魅力十足，那么这些都可以成功吸引粉丝。利用粉丝效应，不管你售卖什么产品，粉丝都会疯狂地支持你。购买与你相关的东西，这就是粉丝为你带来的巨大效益。比如罗永浩卖情怀，雷军卖参与感等。

由此可以看出，粉丝蕴含的力量不可小视，甚至是非常惊人的。粉丝经济中有一项“二八法则”：20% 的粉丝能为企业创造 80% 的业绩。粉丝的质量是存在差异的，当然他们为企业创造的价值也是不同的。

我们可以看到在微信朋友圈里或者是微博上，总有一些永远不上线的粉丝，这类粉丝被称为“僵尸粉”。无论你的产品有多好，服务有多好，他们都会视而不见，不会购买你的任何产品。

购买产品的粉丝才是你的真实粉丝，才会对你的店铺带来一定的利益。各位店主一定要明白，不能一味地追求粉丝数量。即使你拥有庞大的粉丝数量，也说明不了任何问题。真正能说明问题的，是你拥有多少高质量的粉丝，这才是问题的关键。

经营微信小店的过程中，店主可能遇到这样的情况：有些顾客是第一次购买你的产品，有些顾客是常客，会经常光顾你的小店；更多的顾客是潜在顾客，他们常常只是在你店铺中浏览一下商品，并没有购买的记录。

各位店主若想知道店铺的经营状况，就需要评估一下自己的粉丝质量，也就是粉丝质量评估。这不但有助于店主对目标人群进行重点管理，还能通过评估粉丝的质量来评估微店的营销效果。这是至关重要的一项工作，各位店主不容忽视！

那么在经营小店时，微店的粉丝都分为哪几类，店主该如何进行粉丝质量评估呢（见图 10-10）？

1. 僵尸粉丝

僵尸粉丝指的是那些只是进入店铺浏览了一下商品，并没有发生交易的顾客。一般这类粉丝大都是因为有营销活动被吸引过来，他们的访问量

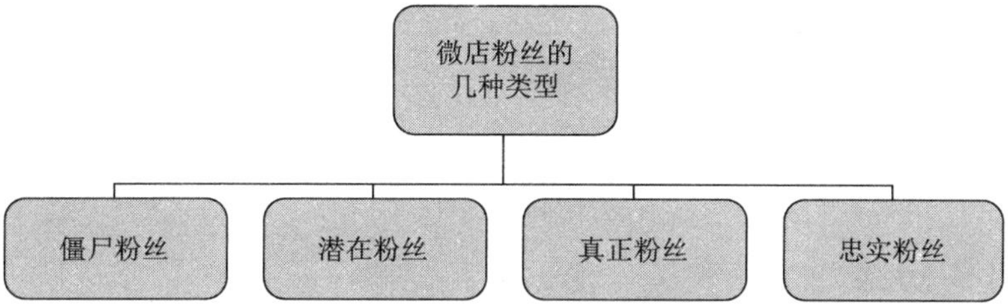

图 10-10　微店粉丝的几种类型

也在一定程度上反映了店铺的营销效果。

“过路”的粉丝对店铺不会产生任何价值，只不过他们能够提高店铺的访问量和点击率。店铺的访问量决定店铺的活跃度，尤其是他们对单一产品的点击率，在一定程度上还能够反映出该产品的受欢迎度。

2．潜在粉丝

潜在粉丝指的是那些进入店铺浏览，看中某件产品后，与店主进行了交流，但是他们最终因为某个原因没有完成交易。这类粉丝与“僵尸粉丝”相同的是，他们都能增加店铺的访问量，提升店铺的活跃度。与之不同的是，“潜在粉丝”虽然暂时没有与店主达成协议或完成交易，但他们彼此间有过交流。从这一点可以看出，他们极有可能是暂时没有找到自己真正需求的产品。或许在日后的几次交流中，就会找到自己需求的产品，所以潜在粉丝下单是迟早的事情。

3．真正粉丝

真正粉丝指的是在店铺中产生过一次或以上交易。这类粉丝极有可能是店铺进行营销活动带来的顾客，也有可能是由“潜在粉丝”转变过来的顾客。如果这类粉丝数量比较多，在很大程度上说明微店的营销效果不错，反之亦然。

真正的粉丝是可以培养的，这就要靠各位店主在日后的客户管理中多与这类粉丝进行互动。互动得好的话，大多数粉丝最终都会转化成为店铺的忠实粉丝。

4. 忠实粉丝

忠实粉丝指的是只要他们有需求，就会在店铺中产生交易的顾客。这类粉丝会经常光顾店铺，而且一旦店铺有活动，或自己有需求，他们都会照顾店铺的生意。即使其他店铺有更诱人的优惠，他们也不会购买。更重要的是，他们还会为我们带来很多潜在粉丝和真正粉丝。

可以说，忠实粉丝是店铺稳定收入的提供者，同时还是维持店铺正常运营的支持者，是店主高质量的购买群体。忠实粉丝数量的多少，在很大程度上能反映出店铺的真实运营效果。也就是说，高质量忠实粉丝数量的多少，是你的微信小店是否赚钱的关键。

在忠实粉丝中，由于收入水平不同，他们的消费能力也是有一定差别的，大致可以划分为：低消费顾客、普通消费顾客和高消费顾客。

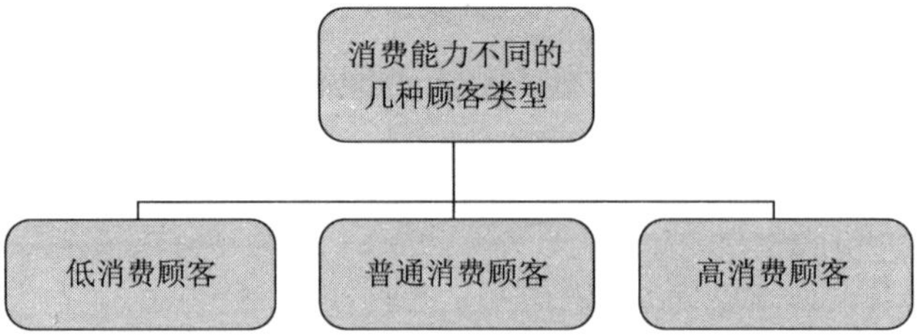

图 10-11　消费能力不同的几种顾客类型

（1）低消费顾客。

低消费顾客由于自身收入有限，在日常消费过程中喜欢精打细算。在与店主互动时，不管产品是否已属优惠价格，都会询问店主能否再优惠些。这种类型的顾客，相信不少店主都会被他们折磨得失去耐心。

店主在与这类顾客谈论商品价格时，不能主动为他们降低商品价格，而是要等顾客提出要求。在适当的范围内满足他们的需求，即可获得订单。

（2）普通消费顾客。

普通消费顾客拥有一定的经济基础，在日常消费过程中不太计较商品的价格。店主无需与他们交流太多，只要价格合理，他们会很快下单。

这类顾客已经与店主建立了一种非常深厚的信任关系，是店铺高质量的忠实顾客。这种顾客的数量越多，越能体现出店主日常营销工作是否到位。

（3）高消费顾客。

高消费顾客拥有非常雄厚的经济基础，而且他们大多拥有不错的修养，文化素质很高。他们有什么需求通常会主动与店主交流，比如商品的细节问题。

高消费顾客对商品价格不敏感，只要这件商品是他们需要的，能为他们带来不错的体验，他们通常都会毫不犹豫地下单。即使是商品有什么问题，或者服务中某个环节没有做到位，令他们感到不满，他们也会主动和店主交流，甚至还会提出一些好的建议。可以说，他们是店铺最稳定、最安全的顾客。

总之，粉丝的消费行为在很大程度上取决于粉丝的质量。根据不同质量粉丝群体的数量情况，各位店主能从中分析出微店的营销效果，然后对营销工作作出客观、合理地评估，进而促使店主制定出行之有效的营销策略，将自己店铺的生意做得有声有色。

销售业绩评估

一般来说，在众多微店营销评估指标中，销售业绩评估是最能体现店铺营销效果的一项标准。为什么这样说呢？因为各位店主所做的一切营销活动，其目的都是为了促使顾客完成交易，进而能够从中获取一定的利润。营销工作做得是否到位，在很大程度上会影响微店的知名度，进而影响微店的生意。当然，如果店铺的利润高，也能充分体现微店营销工作做得不错。但销售业绩是自己会说话的，它是最终、最有权威的营销效果衡量标准。

那么，我们真的能将销售业绩作为评估微店营销效果的唯一标准吗？当店铺的销售业绩不错时，它真的代表微店的营销效果不错吗？对于这个问题，实际上是仁者见仁，智者见智。每个人看问题的角度不同，问题的答案自然很难统一。

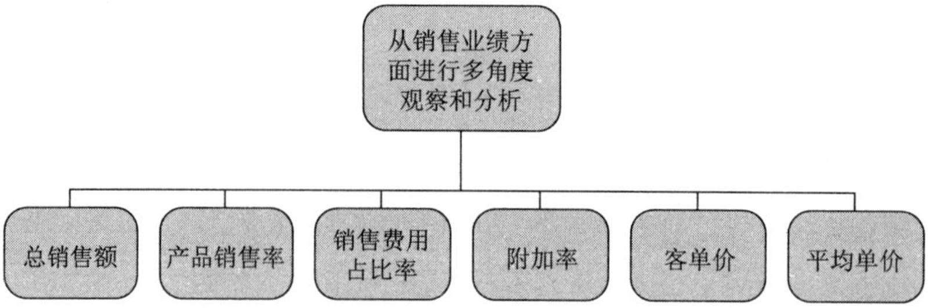

图 10-12　从销售业绩方面进行多角度观察和分析

为了能够客观、全面、准确地评估一个店铺的营销效果，对于销售业绩，店主一定要从多角度来观察和分析，进而作出正确的判断。

1. 总销售额

一般来说，总销售额是店主快速了解微店运营情况，衡量店铺整体效益的一项参考指标。总销售额的高低，直接体现出微店营销效果的好坏。各位店主一定要定期跟进店铺的销售情况，比如每周或每月定期跟踪，观察并研究总销售额的起伏，以便制定出相应的营销推广方案，提高店铺的总销售额。

2. 产品销售率

产品销售率指的是销售出去的产品数量与总进货产品数量的比例，它能够帮助店主了解产品在营销期间内售出的实际情况。通过产品销售率，店主可以看出前期预估销售的产品在实际中的销售状况，从而提高订货的准确性。

比较投入产出，可以适当调整店铺的投资比例。当产品销售率过高时，店主就要及时补货。产品销售率过低时，就要多观察和研究，找到问题的原因。如果是产品滞销，要及时制定出相应的营销方案，加大该产品的营销力度。如果是因为该产品的存货数量过少导致的，店主就要及时补货。

另外，产品销售率指标还可以帮助店主对单品、团购品、热销品等分别进行评估，这样店主就能更细致地看出各类产品的销售情况，以便对微信小店的盈利情况了如指掌。

3. 销售费用占比率

销售费用占比率是营销推广所需费用与销售总额的比率。当销售费用占比率极低时，能充分说明微店的营销效果不错。反之，则表示微店的营销效果不佳，需要及时改进营销方案。

4. 附加率

附加率指的是销售件数与销售单品的比率，它能够帮助店主了解产品的搭配销售情况以及顾客的消费心理。

通过附加率，各位店主能够准确判断出销售产品在搭配上是否合理。以此作为依据，可以及时调整营销方案，比如商品展示位置的变换。

5. 客单价

客单价指的是销售额与顾客交易次数的比率。通过客单价，店主能够轻松了解到顾客群的消费水平，以及时调整符合顾客消费的商品价格。店主还可以将平均单价作为商品定价的参考依据。另外，店主还能及时增加以平均单价为主的产品数量，及时有效地调整商品的展示位置。

比如，店主可以将高于平均单价的产品放在特殊的位置陈列，也可以考虑重点推荐，或者是将低于平均单价的产品放在明显的位置，用来重点吸引那些对价格敏感的顾客。可以说，客单价是体现产品营销效果和衡量营销推广工作的重要参考指标。

6. 平均单价

平均单价指的是销售额与销售件数的比率，它能够帮助店主了解顾客的价格承受范围，以此来对自己的销售技巧及时做出调整。

与客单价一样，店主也要及时对相关产品做出调整。比如，将高于平均价的产品进行特殊陈列，放在比较明显的位置，用来吸引顾客的关注，这在一定程度上能提高店主售卖高价商品的销售能力。

除此之外，店主还可以从其他方面来评估销售业绩，比如从新顾客的增长率或成交率等多角度进行分析。这些数据能够帮助店主轻松获得营销效果的评估结果，以便日后在实际操作中及时做出调整和改进。

总之，各位店主要想通过销售业绩来评估微信营销效果，不可能通过一个公式、一个指标就能衡量出来，毕竟这是一门综合性的研究课题，同时又是一项细碎化的工作，需要我们通过细化销售业绩进行详细分析。

当然，能够体现销售业绩的因素有很多，这些都需要各位店主在经营微店中多观察、多研究、多总结。

微店投资回报率评估

在营销领域，不管你做的是哪一行，做生意的目的都是为了盈利。在投资过程中，自然就不可避免地要考虑投资和回报的问题。如果你投资少，回报多，就证明你的投资是成功的，反之则赔本了。

谁都不想做赔本生意，实体店如此，微信小店同样如此。与其他微店不同的是，微信小店除了需要花费一些货源采购和营销推广费用外，还需要花费认证审核费用。如果你还需要其他特殊服务的话，还需支付一定的服务费，不过这点投资都是可以忽略不计的。如此看来，微信小店还是具有非常不错的投资回报率的。

不过，店主在实际估算自己的店铺是否盈利时，不能仅靠表面数字去估算，而是要经过计算才能得出店铺的投资回报率。其实，投资回报率就是通过投资而返回的价值，在微信小店中，主要是指店主在营销活动中得到的经济回报和投资货物采购的比值，也就是利润与投资的百分比。

通过对投资回报率的客观评估，店主能够及时了解并掌握店铺的盈利情况，是赚还是赔，赚了多少或赔了多少。投资回报率评估还能从侧面反映出微信小店的营销效果，以便帮助店主作出下一步的货物采购和营销活动投资。

各位店主在评估店铺投资回报率时，一定要遵循以下几个原则。

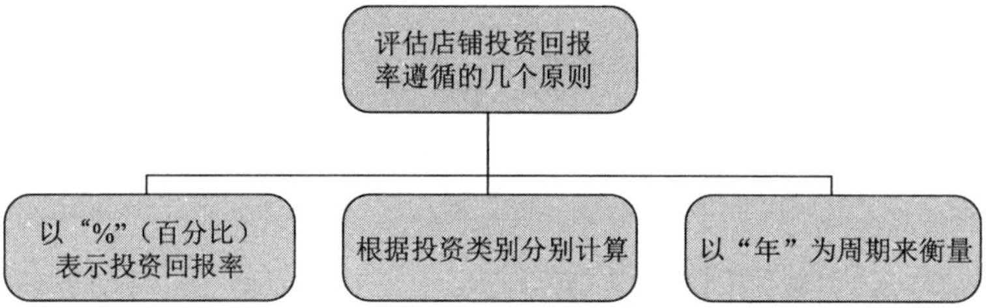

图 10-13　评估店铺投资回报率遵循的几个原则

1. 以“%”（百分比）表示投资回报率

店主在评估自己的店铺是否盈利时，一定要根据投资回报率的计算公式去计算投资回报率。比如你投资了一个项目，总共花费 2000 元，而最后你获得了 3000 元，那么你投资该项目的投资回报率就是（3000-2000）/2000×100%=50%。投资回报率高达 50%，说明你盈利了。

投资回报率的计算公式是：投资回报率 =（回报总额 - 投资总额）/ 投资总额 ×100%，以后都可以根据这个公式去得出投资回报率。

如果店主想知道自己的投资回报率高低，不是看赚取的金额，而是换算成百分比进行比较。也就是说，投资回报率是以“%”（百分比）表示的，而不是直接用金额去表示。

2. 根据投资类别分别计算

在计算投资回报率时，各位店主不能仅计算整体回报率，还要根据投资类别分别计算。比如货物采购和营销活动，店主要对这两项投资回报率分别进行计算。只有这样，店主计算出来的投资回报率才比较精确，而且还能了解投资哪个项目的回报率高，以便店主投资时作出相应的调整。

3. 以“年”为周期来衡量

在经营微信小店时，店主可能每年都需要缴纳一些年费或者是服务费，所以要以“年”作为计算投资回报率的基础单位。

对于微店来说，如果店主以“月”为基础去衡量店铺的投资回报率，很容易因为周期较短而出现误差。比如上个月多卖几件，这个月少卖了几件，销售波动会直接影响店铺投资率的准确性。如果周期太长，则不利于及时对投资回报率进行评估，也就无法及时调整营销策略，这样就很容易导致店铺出现亏损。

各位店主在评估投资回报率时，以“年”作为一个周期进行衡量，才能真正比较出投资的优劣。

以上是考核和评估微店运营能力的几个标准。投资回报率评估的方法有很多，但店主需要明白一件事：考核和评估不是最终目的，店主要不断地从现有基础上去改进，不断提升自己的营销能力，拿出一套可行的、符合店铺运营的营销方案，做到让用户满意，进而让店铺的收益倍增，才能将自己的微信小店越做越好。